Dagmar Bily

IDEEN AUS Raffia-Bast

20 kreative Projekte zum Selbermachen

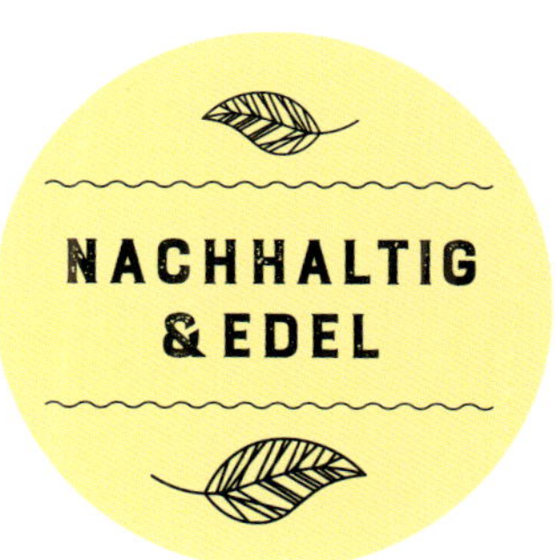

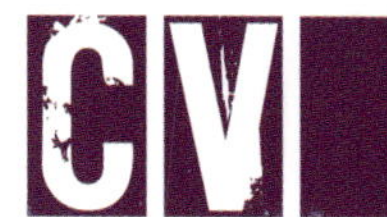

Inhaltsverzeichnis

Inspirationen 6
Bast- und Pflanzenfasern 8
Die wunderbare Welt der Farben 10

Inspiration Karibik $ Mexiko 14
Pattentasche 16
Lampenschirm 20
Fußbändchen 24
Schmale Armreife 28
Bestickter Fischerhut 30
Gehäkelte Netztasche 32
Bestickter Bastkorb 36
Garnnetze zur Aufbewahrung 40

Inspiration Südafrika 44
Gestrickte Body-Bags 46
Gehäkelte Body-Bags 50
Schriftapplikation 54
Umhäkelter Haarreif 56
Gehäkeltes Körbchen-Set 60
Bestickte Stoffschuhe 64
Chandelier-Ohrringe 68

Inspiration Dschungel 72
Schwarzer Shopper 74
Gehäkelter Bucket-Hat 78
Gehäkelte Henkel-Tasche 82
Breite Armreife 88

Dank & Vita 92
Impressum 94

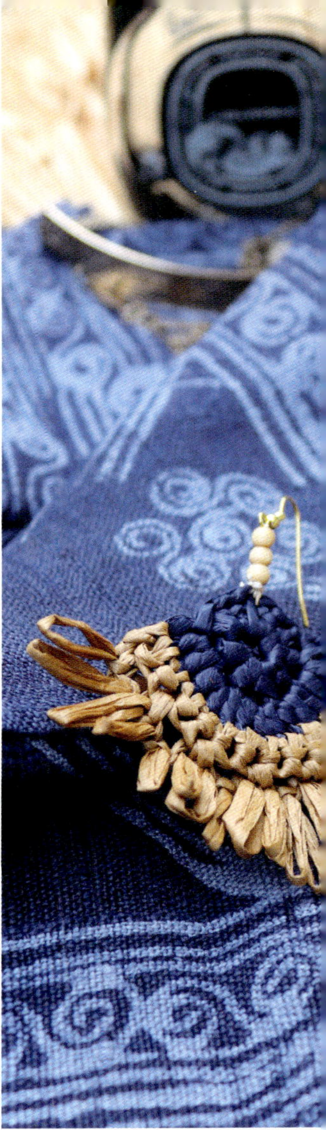

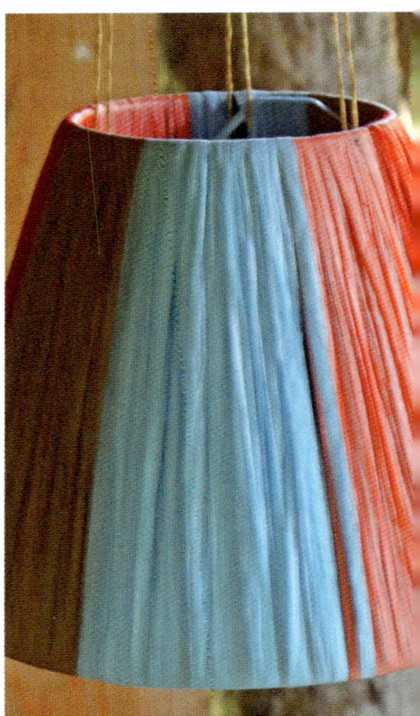

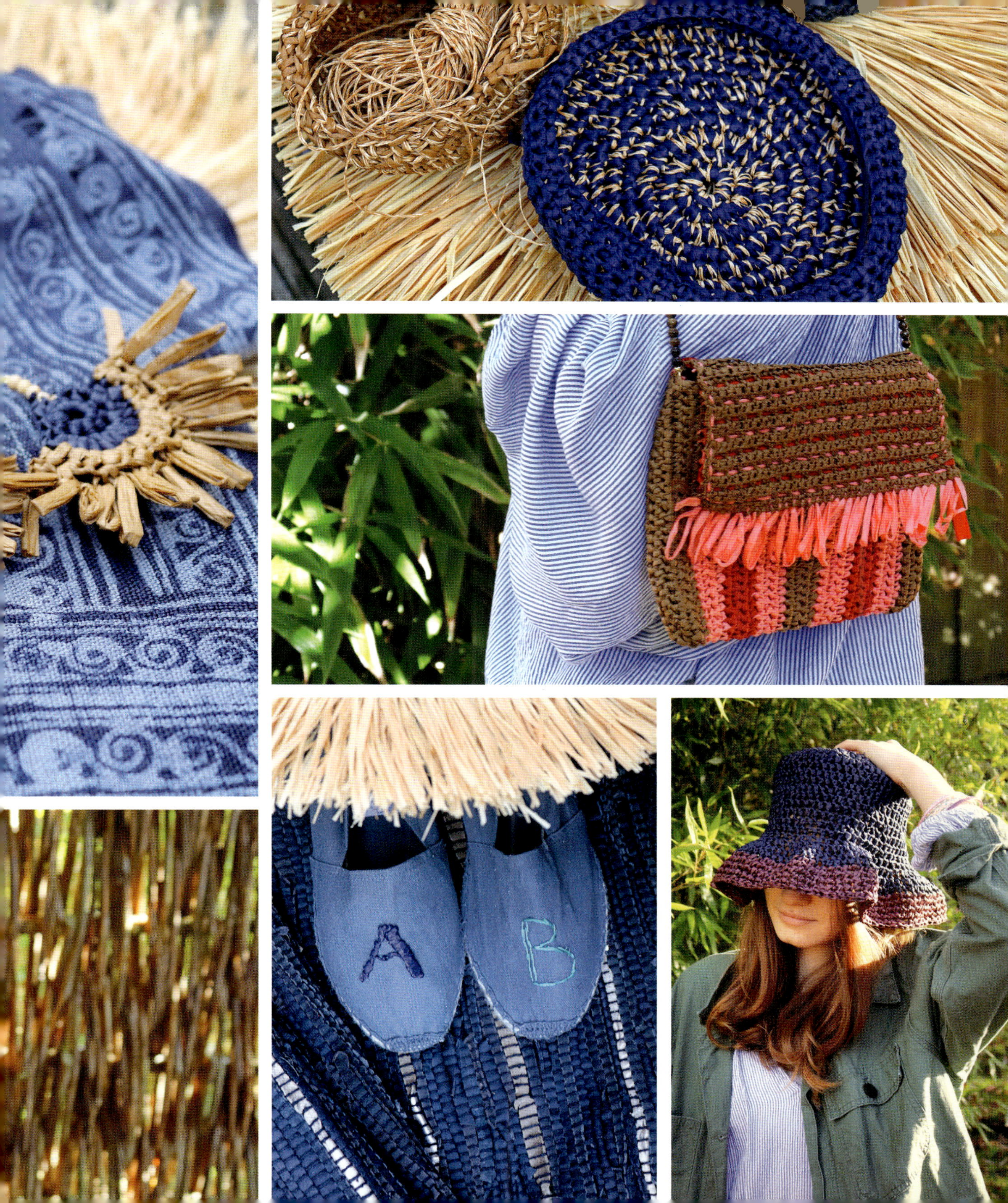
A
B

Inspirationen

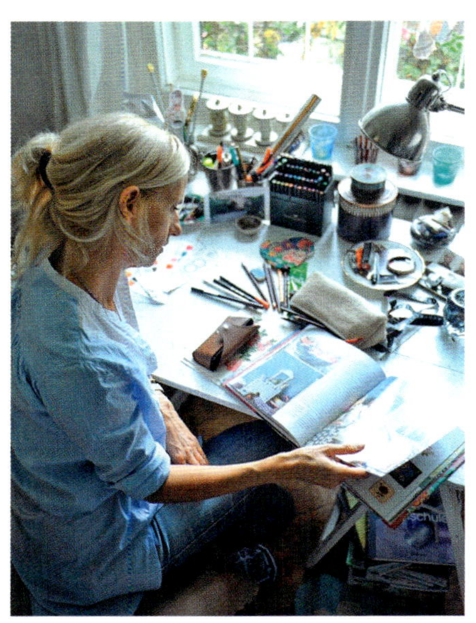

Ich erinnere mich noch genau, es war ein heißer Tag, und wir verbrachten den Vormittag am Strand, bis es zu heiß wurde und wir den Schatten in einer Strandbar suchten. Es gab nur einfache Plastikstühle und Tische, aber das bambusgedeckte Dach, das uns schützend Schatten spendete und ein sinnliches Schattenspiel auf unsere Haut zeichnete, der kühle Sand, in den wir unsere Füße gruben, die frisch geschnittenen Melonen, Papayas und Ananas in den saftigsten Farben in Plastikbechern auf der Theke platziert und das türkisfarbene, kühle Meer im Hintergrund waren für mich das Sinnbild dieses Sommers und am Ende die Inspiration für die Fußbändchen auf Seite 24 und den bestickten Bastkorb auf Seite 36.

Eigentlich findet man an jeder Straßenecke Ideen für neue Strickmodelle oder Nähprojekte, aber der Alltag macht uns blind für das, was uns tagtäglich umgibt. Als Designerin bin ich jeden Tag auf der Suche nach Inspirationen, sei es in Trend-Magazinen, auf großen Messen oder beim Beobachten der Reisenden am Hauptbahnhof.
Es sind Farben, die mich stimulieren, Stimmungen, aber auch manchmal nur kleine Details und coole Ideen, die mir ins Auge fallen. Allerdings ist es oft nicht so einfach, sich vom Gewohnten inspirieren zu lassen, und das ist auch der Grund, warum wir uns immer wieder auf Reisen begeben. Ferne Länder, pulsierende Städte, fremde Kulturen inspirieren mich und ich sammle diese Eindrücke, ohne zu wissen, was am Ende dabei rauskommt. Vielleicht sind es Farben der Natur, eine Bar oder das bunte Treiben auf den Straßen, die mich zu einem Modell bewegt. Es sind die Bilder dieser Reisen, die in meinem Herzen eine Stimmung erzeugen.

Ich hatte großes Glück und konnte in den letzten Jahren beruflich sowie privat viele Plätze besuchen, die mich bis heute inspirieren und meine Entwürfe beeinflussen. Daher lag es sehr nahe, endlich mal ein Buch zu machen und Sie an meinen Inspirationen teilhaben zu lassen.

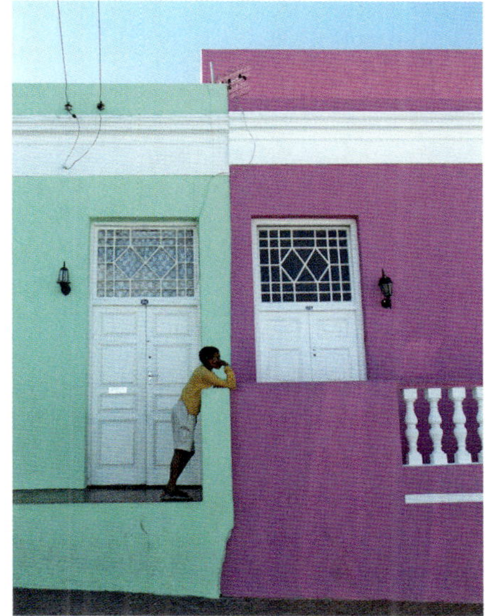

Warum ich ein Buch über Bast machen wollte, ist eigentlich ganz einfach zu erklären:
Neue Techniken, neue Farben und vor allem neue Materialien sind ein Glücksgefühl für jeden Kreativen, und wenn sie dann noch nachhaltig sind, umso besser. Ich kannte Bast noch aus meiner Kindheit, um Rosen im Garten zu fixieren, in kurzen Fadenlängen, ungleichmäßigen Stärken und nur in Naturtönen. Ich mochte schon immer Materialien, die das Handgemachte unterstreichen und dafür ist Bast ideal, denn das Maschenbild ist nie perfekt und eher kantig als weich. Heute gibt es Bast, der aus 100 % Papierfaser besteht, in Lauflängen bis 150 m und in vielen verschiedenen Farben. Und noch dazu ist Bast wie Jute, Seegras und Flachs ein veganer, nachwachsender Rohstoff – warum nicht wie in anderen Ländern Hüte, Körbe oder Netze daraus machen? Ich würde sagen: Bast 2.0 – cool, modern und nachhaltig. Ideen gibt es genug.

Ich wünsche Ihnen viel Spaß beim Selbermachen

Ihre Dagmar Bily

Bast- und Pflanzenfasern

WISSENSWERTES ÜBER DAS MATERIAL

Bast ist der Oberbegriff für eine Reihe von Pflanzenfasern. Er wird aus den Bastfasern unterschiedlicher Faserpflanzen gewonnen. Als Faserpflanzen bezeichnet man Pflanzen, aus deren Bestandteilen Fasern gewonnen werden können. Dabei können unterschiedliche Teile der Pflanze wichtig sein: Bastfasern, Blattfasern, Samenfasern und Fruchtfasern.

Einige bekannte Beispiele für Pflanzenfasern sind:
Hanffasern (Hanf-Bastfasern) werden zur Herstellung von Kleidung, Energie, Papier und als Baustoff verwendet. Hanf kommt im Anbau und in der Verarbeitung ohne Chemie aus. Er ist sehr reißfest und feuchtigkeitsresistent und gilt allgemein als die stabilste Pflanzenfaser.
Hanf kann über 30% seines Eigengewichts an Wasser aufnehmen, ohne an Stabilität zu verlieren. Deshalb dichtet Hanf dauerhaft, Seile und Segel aus Hanf halten auch bei starkem Sturm und Nässe.

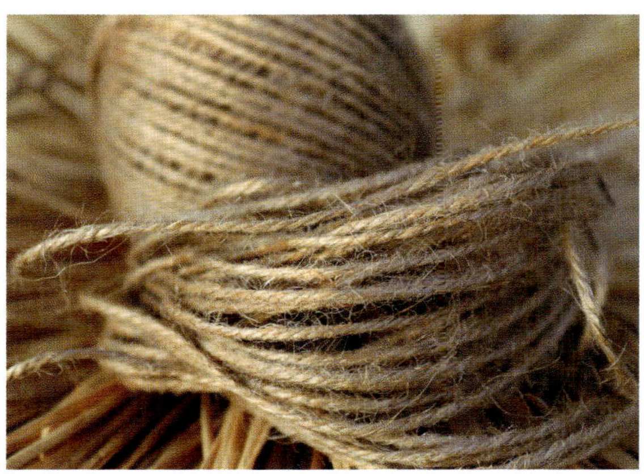

Diese einzigartige Festigkeit bei Nässe ist dafür verantwortlich, dass Hanf früher in manchen Regionen zum bevorzugten Baumaterial wurde.

Sisalfasern (Sisal-Blattfasern) werden aus dem Blatt der Sisal-Agave gewonnen. Die Faser ist ausgesprochen zäh und zugfest, insbesondere jedoch zeichnet sie sich durch seine, im Vergleich zu anderen Fasern, ungewöhnliche Härte und seine Resistenz gegenüber dem Befall durch Mikroorganismen aus. So findet sie vor allem Verwendung als Taue und Seile für besonders starke Beanspruchung, etwa bei Auslegware oder Katzenkratzbäumen. Sie hat eine glatte seidige Oberfläche.

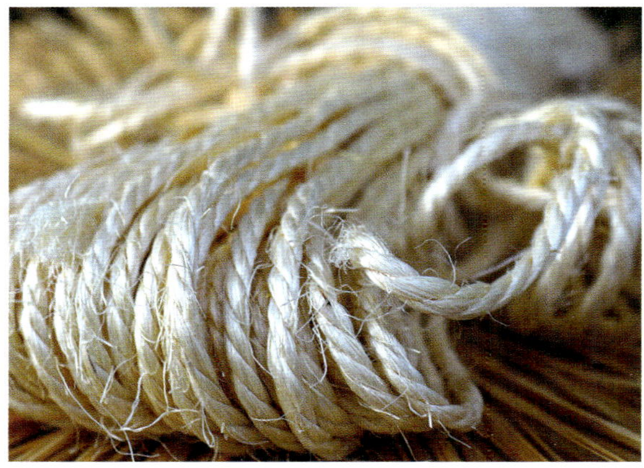

Kokosfasern (Kokos-Fruchtfasern) werden aus unreifen Kokosnüssen gewonnen. Die Schicht, die um die innere harte Hülle der Kokosnuss zu finden ist, wird zunächst zu Kokosfasern und danach zu Garnen und Geweben verarbeitet. Reife Kokosnüsse haben einen zu hohen Holzanteil, deshalb können ihre Fasern nicht mehr versponnen werden. Die Oberfläche ist spröde und kratzig.

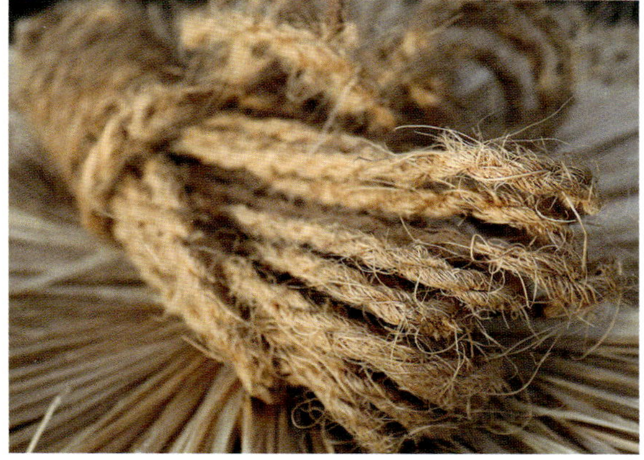

BASTFASERN

Bastfasern versteifen durch ihren langgezogenen, dickwandigen Aufbau die Struktur in einer Pflanze, um dem Stängel ausreichend Stabilität zu geben.
Je nach Aufbau der Bastfasern, variieren die mechanischen Eigenschaften je nach Pflanzenart und so unterscheidet sich auch die Art ihrer Verwendung. Bastfasern werden zum Beispiel aus Bambus, Brennnessel, Hanf, Jute oder Flachs gewonnen.
Bast ist Teil der Rinde verholzter Pflanzen. Das Bastgewebe liegt zwischen Rinde und Holz und leitet die in Wasser gelösten Nährstoffe von den Wurzeln zur Krone. Es ist feucht und weich, aber auch zäh und sehr widerstandsfähig. Die *Phloemfasern* sind flexible, lange Zellen, auf die weichere Fasern aufbauen (z. B. in Flachs oder Hanf). Der verkorkte Bast bildet die Schutzschicht für Sprossachse und Wurzel bei Pflanzen.

Bastfasern sind sehr widerstandfähig und wasserresistent. Die bekanntesten wirtschaftlich genutzten Bastfaserpflanzen sind der Nutzhanf (Hanffaser), der Flachs (Leinenfaser), die Fasernessel und Jute. In Mitteleuropa verwendete man vor der Nutzung von Flachs und Hanf als Faserpflanzen bevorzugt den Bast von Linden und Eichen.
Aufgrund ihrer Eigenschaften werden Bastfasern zur Herstellung von Seilen, Matten, Garnen und Geweben für die Textilbranche, aber auch im industriellen Bereich verwendet. In Asien wird seit ca. 2000 Jahren auch Papier hergestellt, daher finden wir bei den Materialangaben der Bastrollen auch immer öfter die Bezeichnung *100 % Papierfaser*.
Den klassischen Bast kennen wir als kurze Bänder zum Binden, Flechten und Basteln.

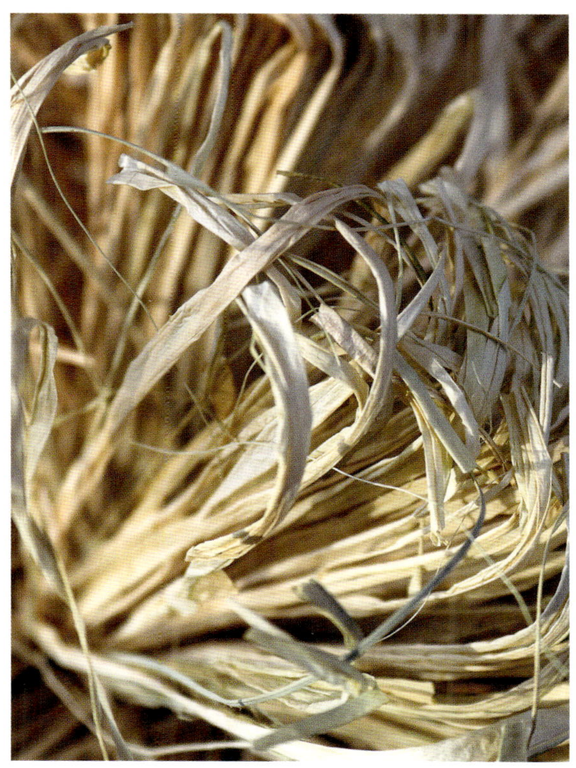

Die wunderbare Welt der Farben

Farben geben unserem Leben Sinnlichkeit und Leidenschaft. Sie kommen aus der Natur und treffen uns unmittelbar ins Herz. Deshalb sind Reisen auch so ungemein inspirierend, denn in fremden Ländern treffen wir immer wieder auf Farben und Farbkombinationen, die wir zuhause nicht kennen.
Es ist immer eine gute Idee, sich von diesen neuen Eindrücken anregen zu lassen und dann die Kamera herauszuholen. Die neuen Farben können zuhause in der Werkstatt oder im Atelier Inspiration für viele neue Designs sein, die es ohne diese neuen Eindrücke nicht gegeben hätte.

MEINE FARBTHEMEN

Für die Modelle dieses Buches habe ich Bast in Farben und Farbkombinationen verwendet, die ich auf meinen Reisen gefunden und die mich selbst inspiriert haben. Es gibt natürlich noch unendlich viel mehr. Man muss nur die Augen aufhalten.

Karibik & Mexiko

Bunt, fröhlich, exotisch, sinnlich

Die Hauptfarbe ist hier ein kräftiges Orange oder Sonnengelb. Die Farben sind intensiv, aber nicht knallig oder schrill. Eher wie die Farben sonnengereifter Früchte. Verwaschene Pastells wie das Rosa sind ein schöner Bruch und lassen die starken Farben noch mehr leuchten.

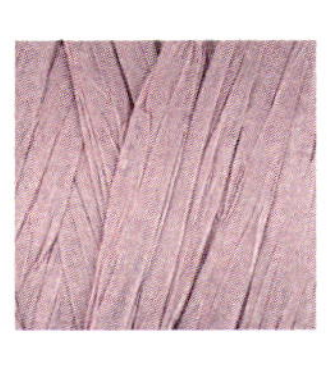
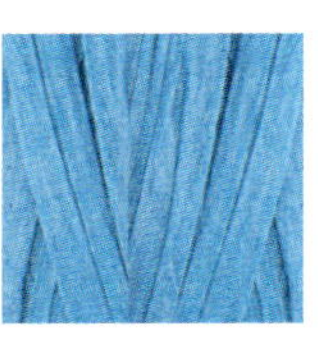
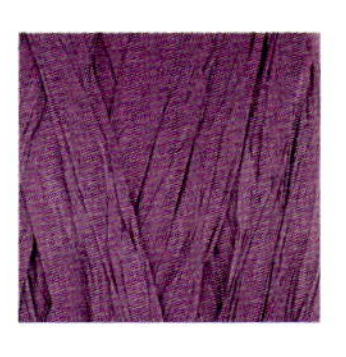
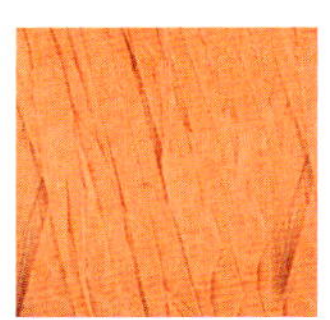
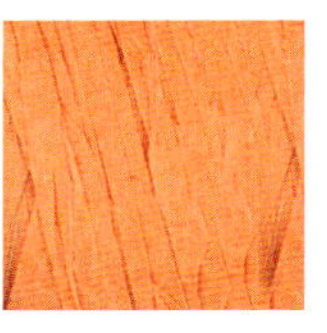
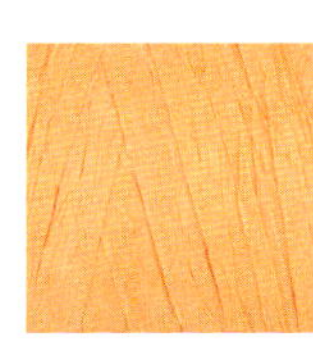
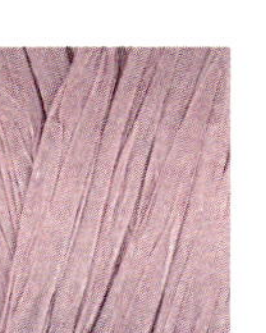
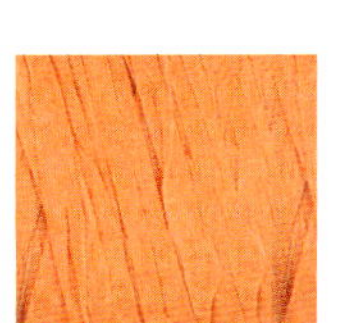
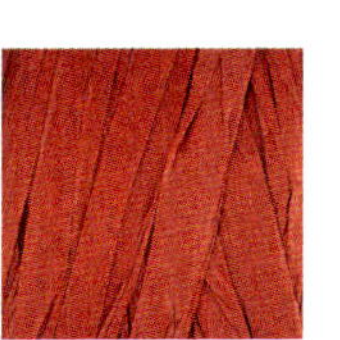
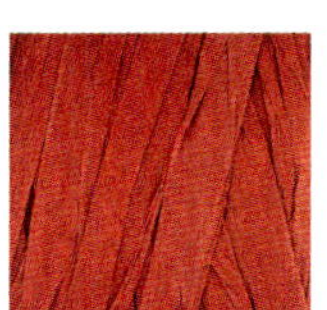
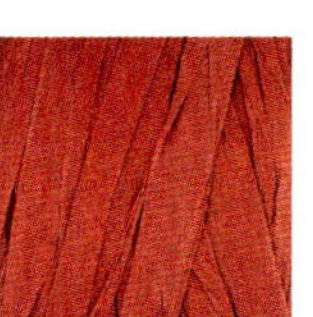

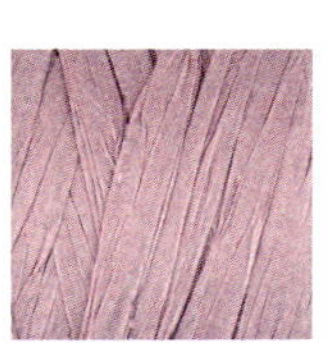

Südafrika

Frisch, maritim, sportlich

Die Hauptfarbe ist hier Grau-Sand, ein sandfarbener Naturton, der sich gut kombinieren lässt und an Muscheln und Sand erinnert.

Frische Farbkombis wie die Streifen eines Sonnenschirms, eines Segelboots oder einer sonnengebleichten Bade-Short. Einfach ein Tag am Meer.

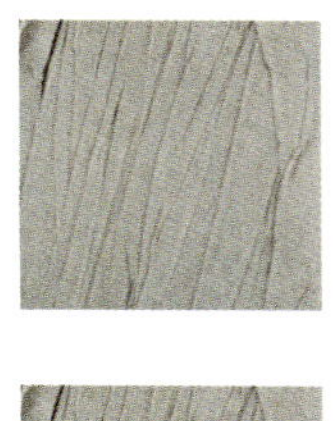
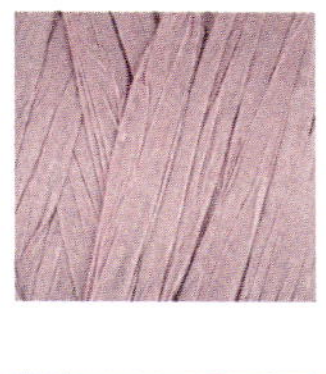
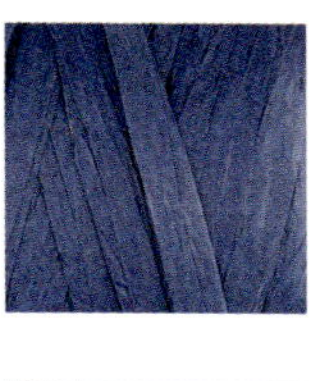
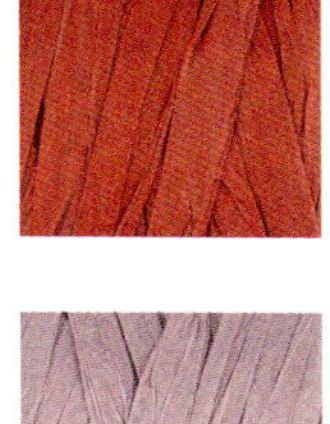
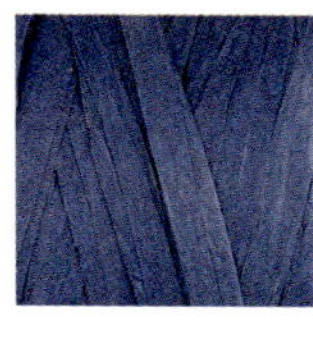
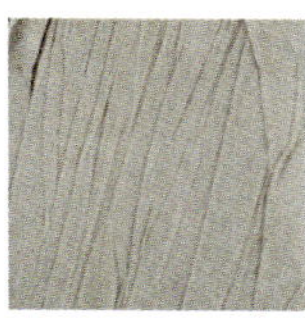
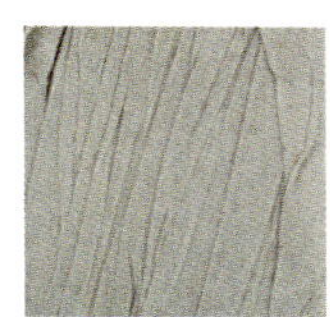
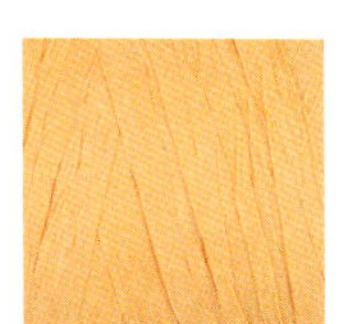
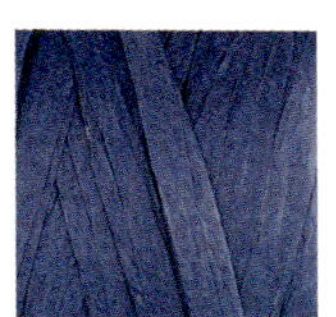
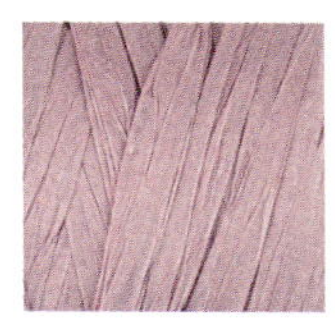
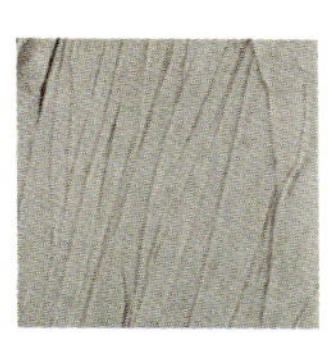
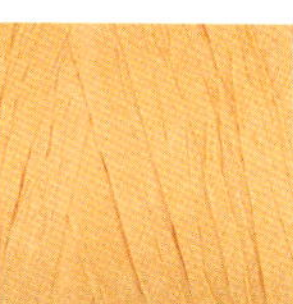

Dschungel

Erdig, geheimnisvoll, naturverbunden

Die Hauptfarbe ist hier Dunkelbraun. Kombinationen aus dunklen Farben wie Violett und Smaragdgrün haben immer etwas Mystisches und gleichzeitig etwas sehr Edles. Wenn Sie mutig sind, kombinieren Sie als Akzent ein leuchtendes Pink oder Orange dazu. Harmonien sind schön, Kontraste sind spannend.

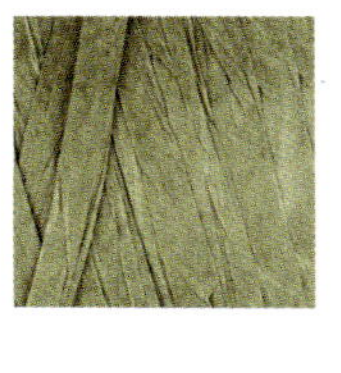
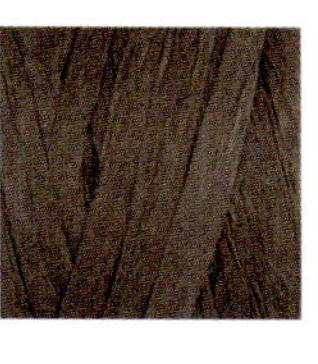
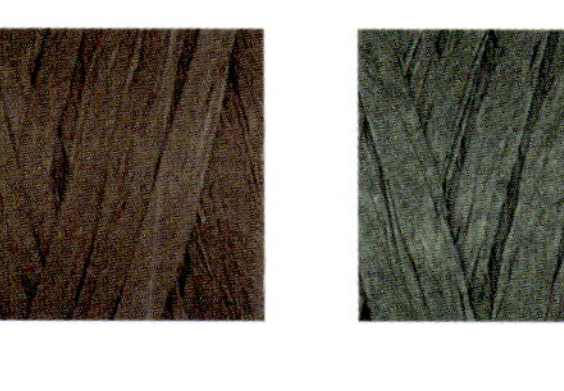
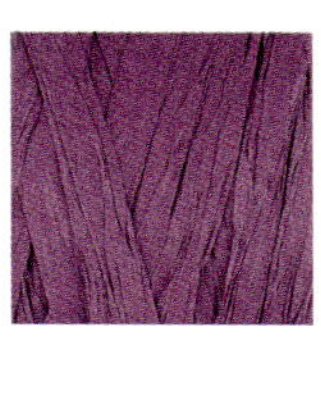
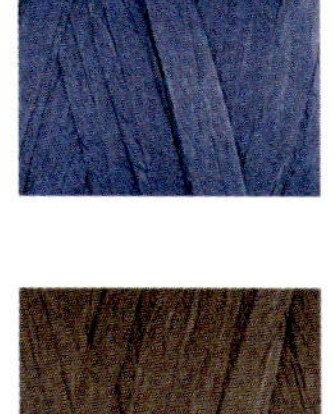
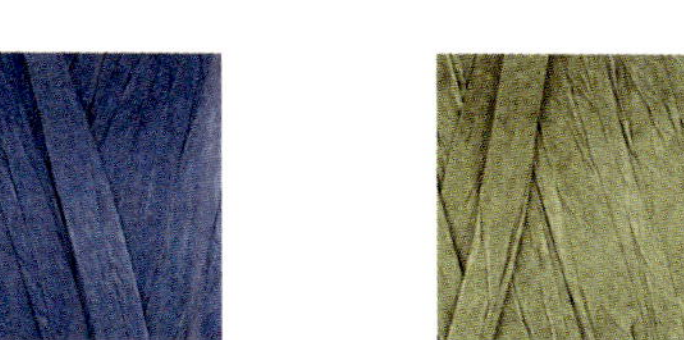
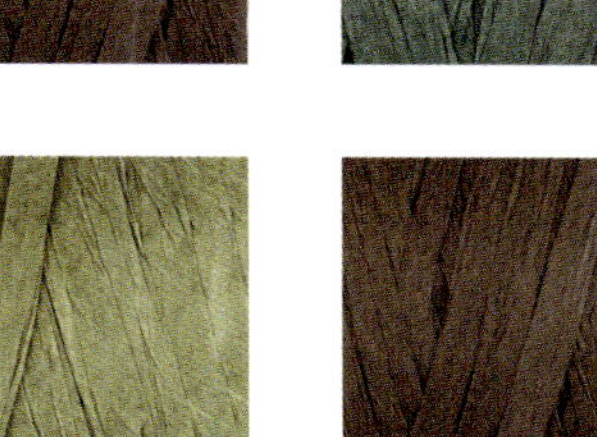
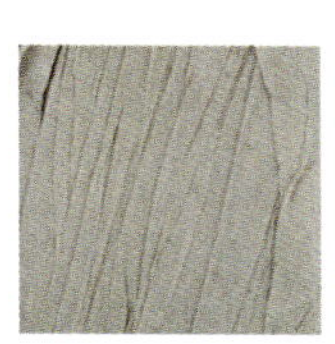

VERWENDETE BASTGARNE

Die meisten Farben, die ich hier verwendet habe, sind aus den Farbpaletten der Bastgarne von Kremke Soul Wool Papyrus oder von Natural Club-Raffia. Für eine Melange-Effekte habe ich zusätzlich auch Robiki Paper Yarn mitverarbeitet. Diese neuen, aufregenden Raffiabastgarne stelle ich Ihnen hier kurz vor.
Hinweis: Bast verarbeitet sich anders als Wolle oder Baumwolle. Planen Sie etwas mehr Zeit für Ihre Projekte ein!

Papyrus von Kremke Soul Wool

Dieser wunderschöne Naturbast wird aus Papier hergestellt, ist aber trotzdem wasserresistent. Durch das innovative Produktionsverfahren ist es möglich, praktisch endlos lange Fäden zu produzieren, die im Gegensatz zu herkömmlichem Naturbast, der immer nur eine sehr kurze Lauflänge hat, ohne Anknoten zu größeren Strick- und Häkelstücken verarbeitet werden können.

Zusammensetzung:
100 % sonstige Papier-Faser
Lauflänge: 153 m/100 g
Nadelstärke: 3,5-5,0 mm

Besonders schön lassen sich hierbei die Farben aus der herrlichen Farbpalette kombinieren.
Das Material ist feucht abwischbar, kann bei starker Lichteinstrahlung aber ausbleichen.

Raffiabast von Natural Club

Natural Club bietet ein Bastgarn an, das aus 100 % abbaubaren Holzfasern besteht. Das Garn ist nicht nur biologisch abbaubar, sondern auch frei von gefährlichen Chemikalien – es ist somit auch vegan.

Zusammensetzung:
100 % Holzfaser
Lauflänge: 75 m/35 g
Nadelstärke: 5-5,5 mm

Das Bastgarn kann für viele spannende Projekte verwendet werden, weil es sowohl wasserabweisend ist als auch Hitze bis 200 °C standhält. Nehmen Sie Ihre Projekte ruhig mit an den Strand, vielleicht in Form eines schönen Sonnenhutes. Oder verwenden Sie das Garn für einen Topflappen oder als ein Tischschutz für heiße Küchentöpfe. Der eigenen Fantasie sind dabei keine Grenzen gesetzt. Das Garn eignet sich auch hervorragend für Taschen oder andere Gegenstände zur Inneneinrichtung.
Der Raffiabast verträgt eine sanfte Handwäsche, jedoch sollten Sie dabei keinen Weichspüler verwenden. Anschließend liegend trocknen lassen! Der Bast darf nicht gebügelt werden.
Das Papiergarn ist in 15 verschiedenen schönen, natürlichen Farben erhältlich.

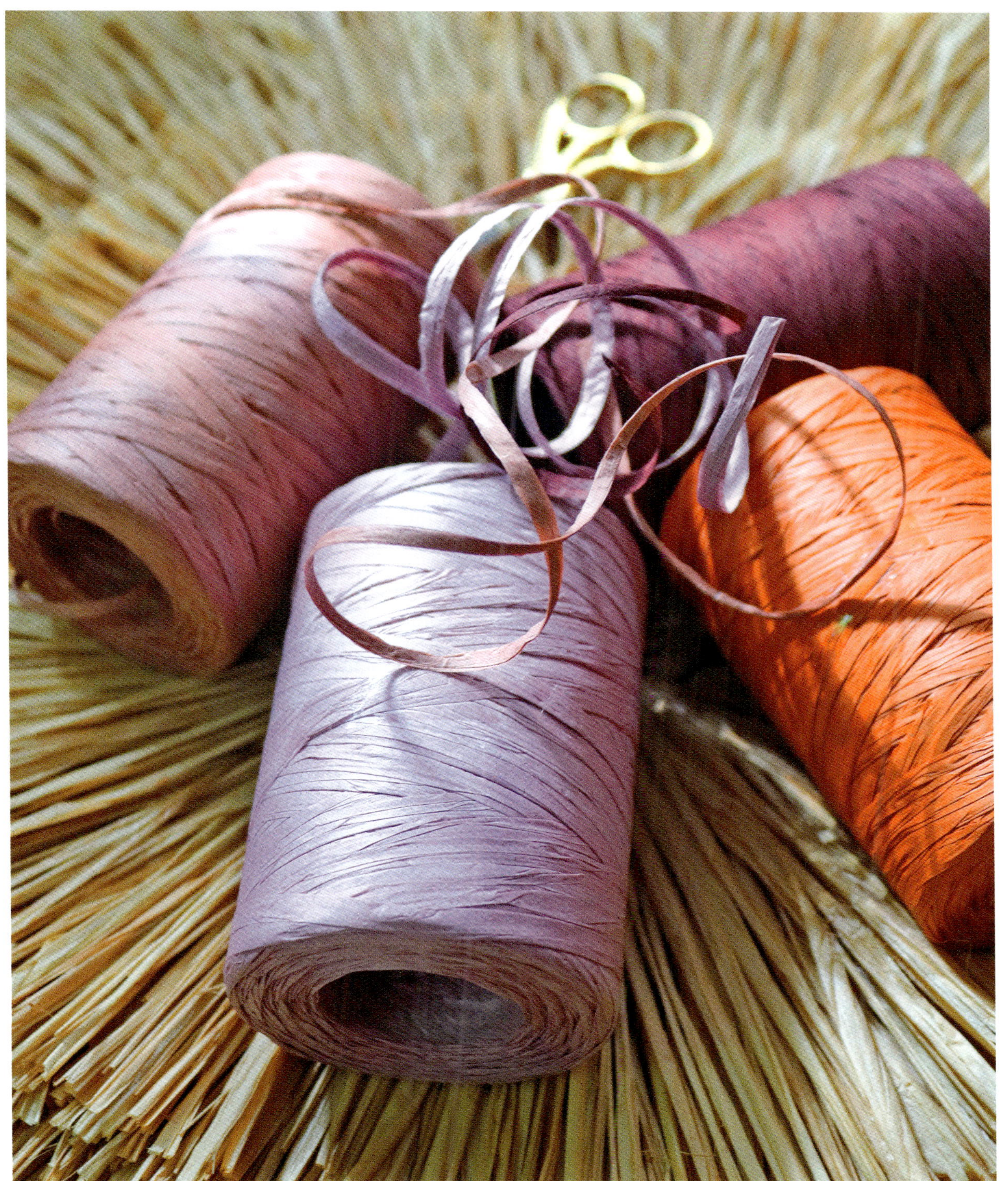

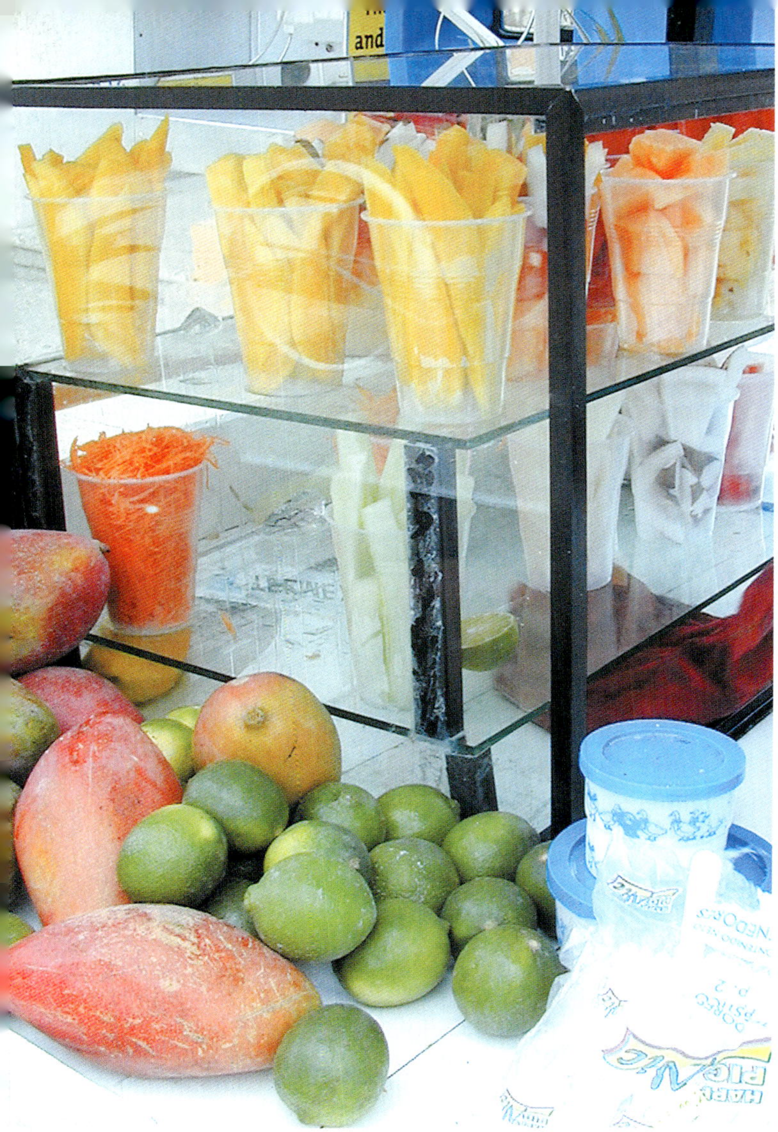

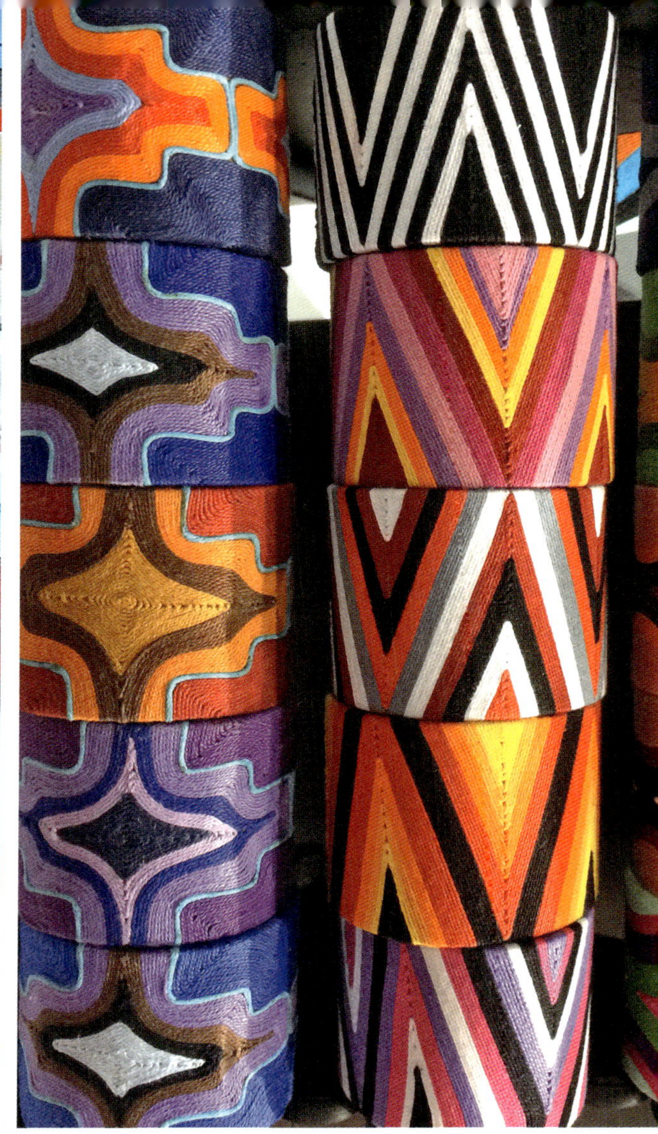

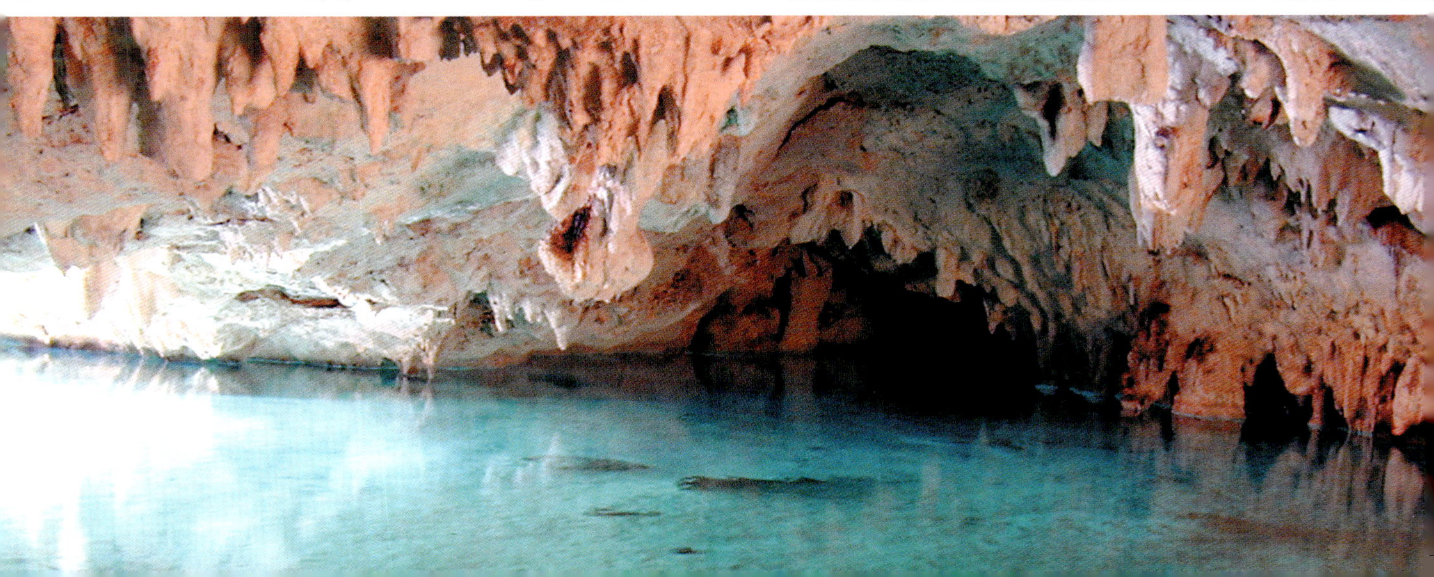

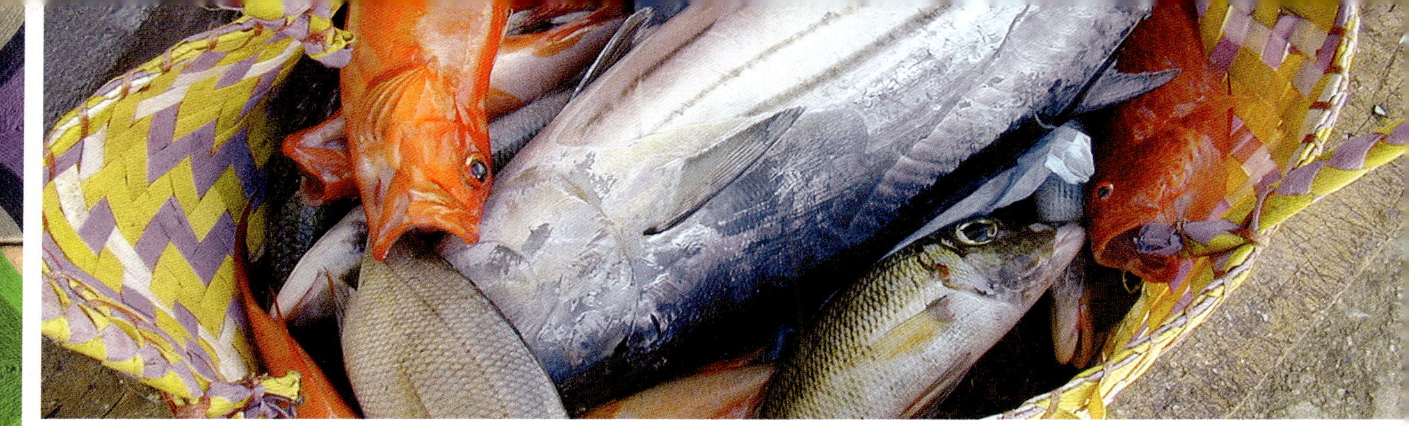

Inspiration
Karibik & Mexiko

Bunt, fröhlich, exotisch, sinnlich

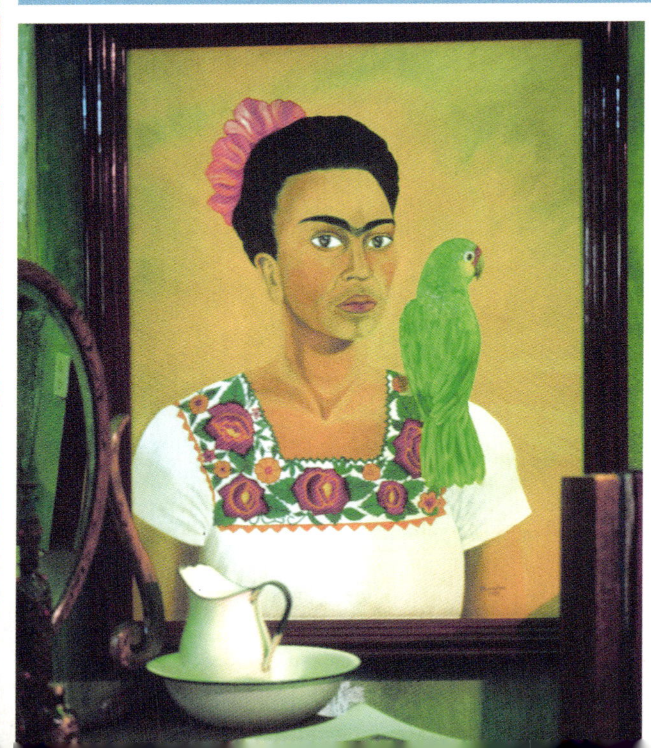

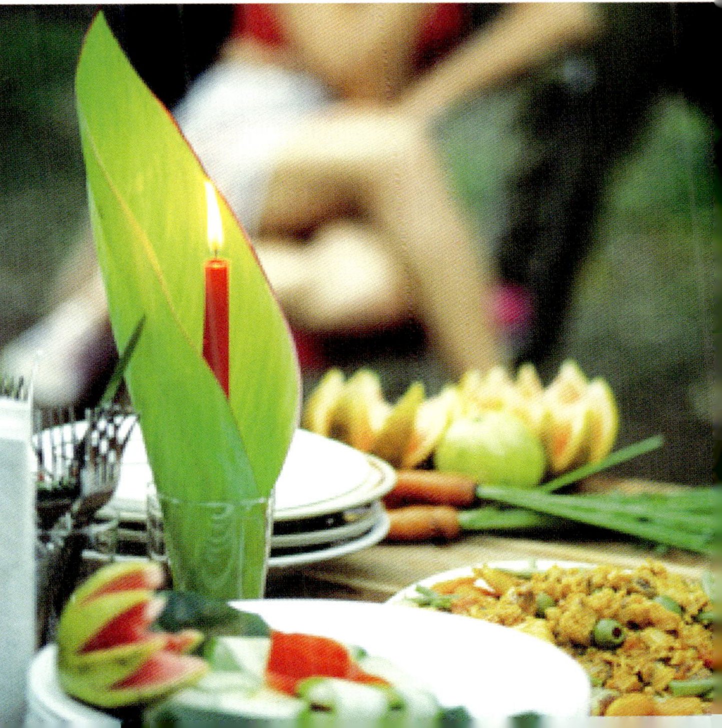

Pattentasche

Très chic! Gehäkelte Clutch mit Streifen und Reliefmuster

GRÖẞE

24 cm breit und 18 cm hoch

MATERIAL

Natural Club Raffia aus 100 % abbaubarer Holzfaser (ca. 75 m/35 g): jeweils 35 g in Nougat (Fb 37209), Rot (Fb 37202) und Rosa (Fb 37215)

NADEL UND UTENSILIEN

Häkelnadel 3,0 mm

UND ALS UPCYCLING-IDEE

Eine Brillenkette

DAMIT DIE GRÖSSE STIMMT

16 feste Masche nebeneinander sind in diesem Modell etwa 10 cm breit, 15 Reihen feste Maschen übereinander etwa 10 cm hoch.
Wer fester häkelt, arbeitet besser mit einer etwas dickeren Nadel. Wer lockerer häkelt, sollte eine etwas dünnere Nadel nehmen. Nur so fällt die Clutch in der angegebenen Größe aus. Außerdem lassen sich die Kontrastfäden so problemlos einziehen und die Tasche fasst sich weich an, ist aber doch formstabil.

SO WIRD'S GEMACHT

Für den **Taschenkörper** 53 Luftmaschen und zusätzlich 1 Wendeluftmasche in Nougat anschlagen. Dann 38 Reihen feste Maschen wie folgt in Hin- und Rückreihen häkeln:
5 Reihen in Nougat, dann immer 4 Reihen in Rosa, Rot, Rosa, Nougat. Noch einmal jeweils 4 Reihen in der Farbenfolge ** Rosa, Rot, Rosa, Nougat ** und zum Schluss noch 1 letzte Reihe in Nougat arbeiten. Dabei am Ende eines Farbblocks in Nougat und in Rot den Bastfaden jeweils ca. 10 cm lang abschneiden. Diese Fadenenden werden später mit der Kante umhäkelt. Den Faden in Rosa nicht abschneiden, sondern am seitlichen Häkelrand zur nächsten Masche mit hochführen.

Das fertige Rechteck längs zur Hälfte legen und die beiden schmalen Seitennähte schließen, indem sie zusammengenäht oder -gehäkelt werden. Dann die offene Taschenkante ringsum mit 1 Runde feste Maschen in Nougat umhäkeln, dabei möglichst viele der offenen Bastenden mit umhäkeln.

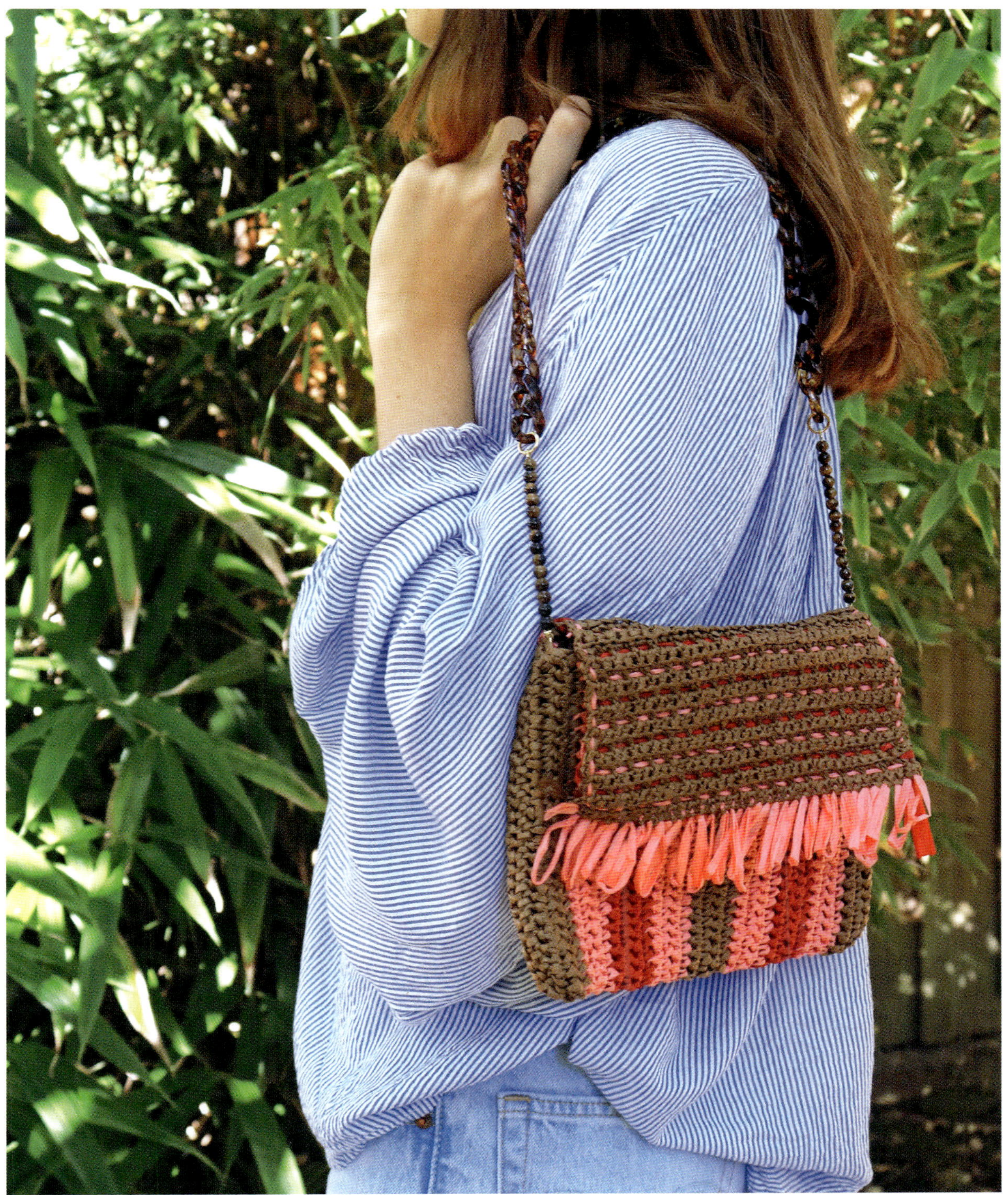

Die **Taschenklappe** (Patte) an die hintere Hälfte des Tascheneingriffs häkeln: Die 1. und die 38. Randmasche unbehäkelt lassen und mittig über 36 Maschen feste Maschen in Hin- und Rückreihen arbeiten, dabei in den Hinreihen auf der sichtbaren Außenseite der Patte nur in das hintere Maschenglied der Vorreihe einstechen, in den Rückreihen in die volle Masche einstechen. So entsteht ein Muster mit Querrelief, das der Tasche eine edle Weboptik verleiht. Auf diese Weise insgesamt 22 Reihen arbeiten.

Nun in jede 2. Reihe abwechselnd Webstreifen mit je 1 Baststreifen in Rosa und in Rot einziehen. Zum Schluss Steppstiche um die Seitenränder und die Ansatznaht der Patte einsticken. Dann alle Bastenden auf der Innenseite vernähen.

An der langen Pattenkante mit einer Häkelnadel lange Schlingen als Fransen einhäkeln. Dann die Brillenkette an beiden Innenseiten annähen.

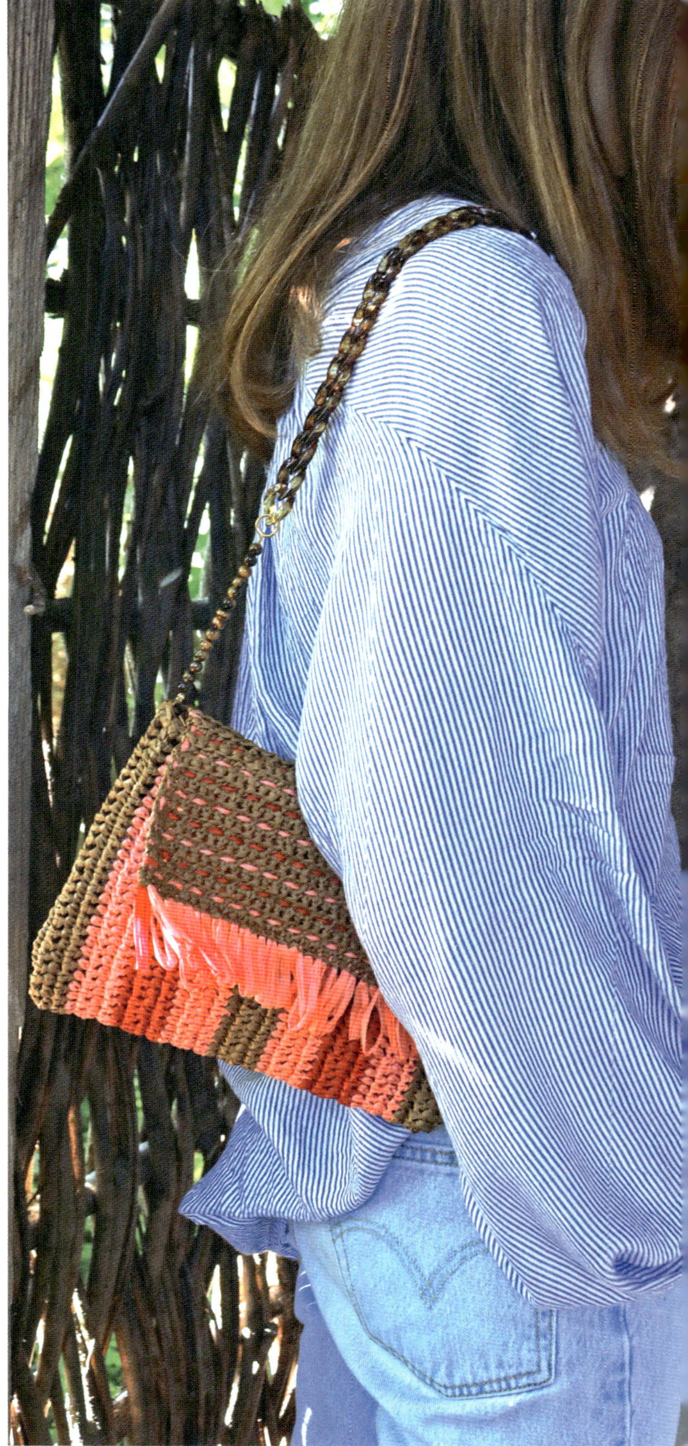

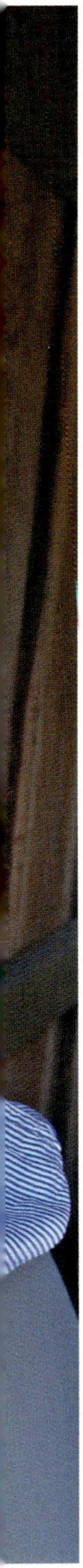

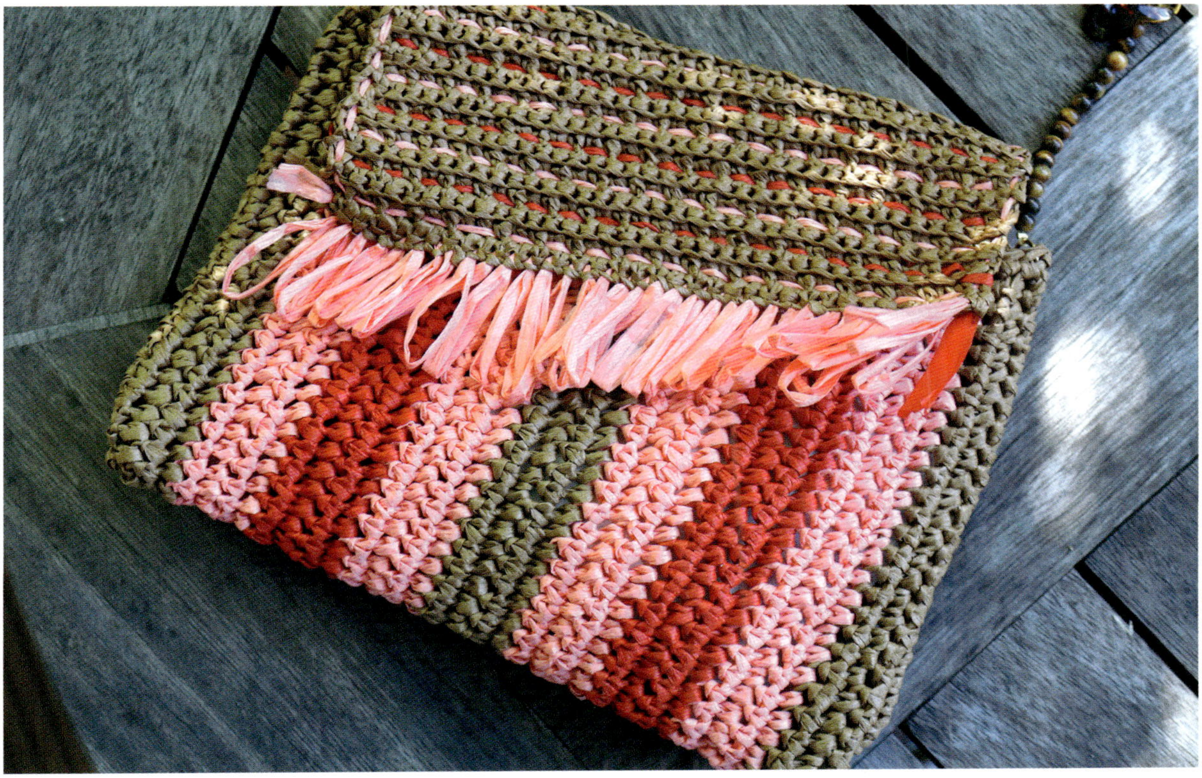

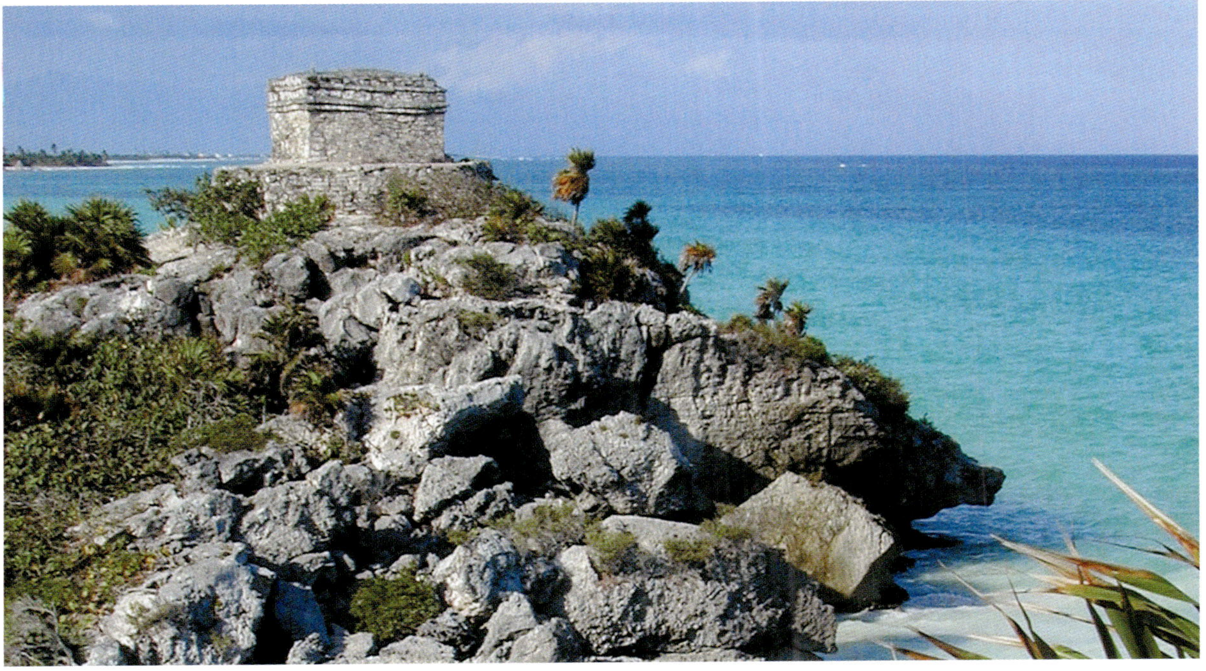

Lampenschirm

Coole Upcycling-Idee für den alten Lampenschirm

GRÖßE

Je nach vorhandenem Lampenschirm

MATERIAL

Natural Club Raffia aus 100 % abbaubarer Holzfaser (ca. 75 m/35 g): jeweils 35 g in Rosa (Fb 37215), Rot (Fb 37202), Nougat (Fb 37209) und Hellblau (Fb 37221)

IDEE

Werfen Sie Bastreste nicht weg! Ein altes Lampenschirmgestell lässt sich damit schnell zu einem stimmungsvollen Lichtobjekt gestalten. Wählen Sie die Farben passend zu Ihrer Einrichtung. Auch hier mein Vorschlag: Wagen Sie sich einmal an ungewöhnliche, anregende Farbkombinationen!

TIPP: Nicht unterschätzen: Sie brauchen ziemlich viel Material, um den Schirm schön dicht zu umwickeln.

SO WIRD'S GEMACHT

Die Garnenden jeweils am Lampenschirm verknoten oder mit Heißkleber fixieren. Heißkleberpunkte vorher unbedingt an einem Probestückchen ausprobieren, denn je nach Material können unschöne Kleberflecken entstehen. Dann das Bastgarn um das Schirmgestell wickeln. Die Farben nach Belieben wechseln. Das Gestell einmal ringsum umwickeln.

TIPP: Wählen Sie lieber kleinere Schirme. Je kleiner die umwickelte Bespannung, desto stabiler ist der Lampenschirm später.

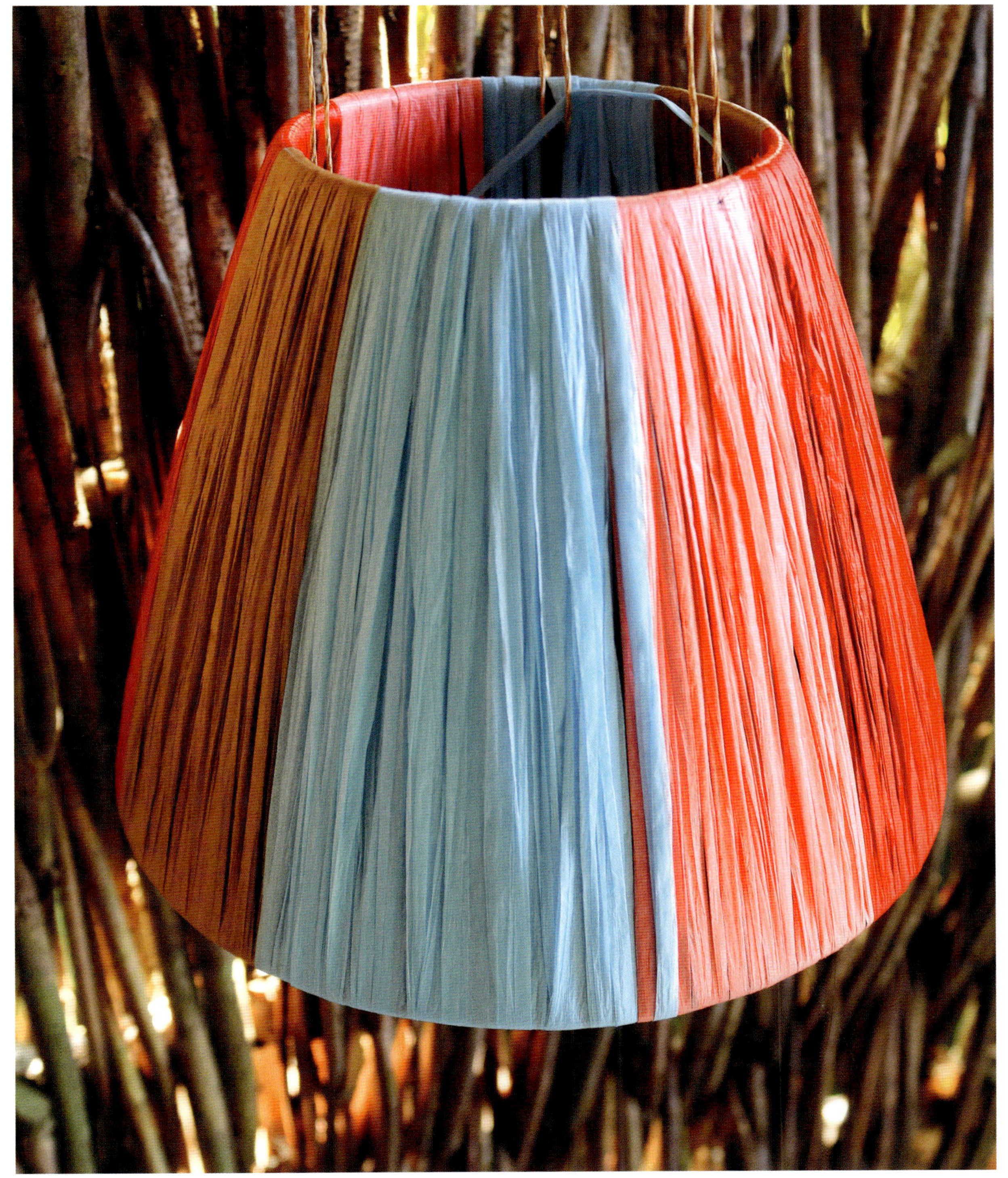

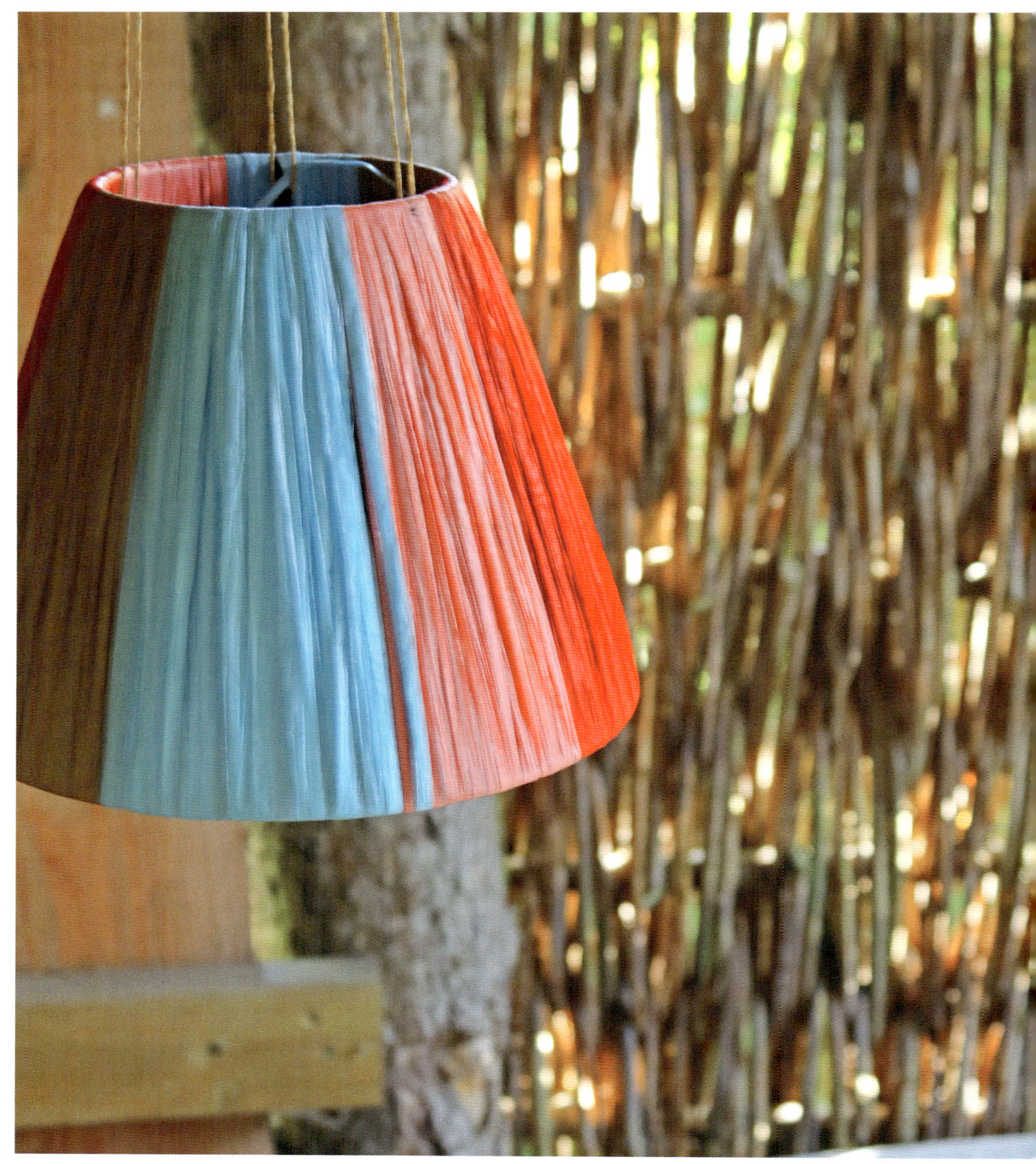

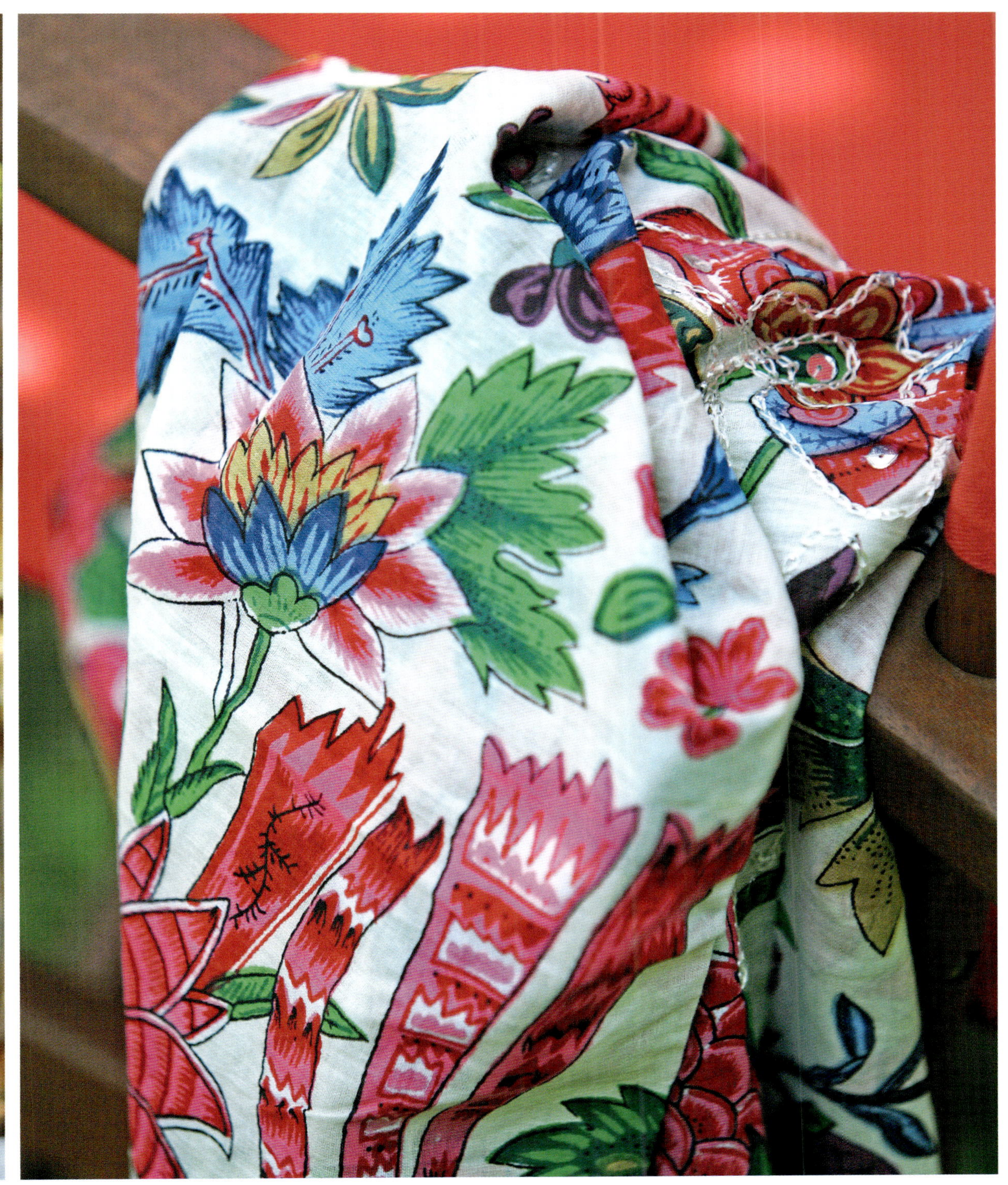

Fußbändchen

Ein echter Hingucker bei jeder Strandparty

GRÖßE

Damengröße, kann individuell angepasst werden

MATERIAL

Natural Club Raffia aus 100 % abbaubarer Holzfaser (ca. 75 m/35 g): 35 g (oder ein Rest) in Rosa (Fb 37215) und ein Rest Robiki Paper Yarn 100 % Papier (ca. 75 m/30 g) für den Melange-Effekt.

NADEL UND UTENSILIEN

- Häkelnadel 4,5 mm
- Kunststoffperlen in Silber, 4x 10 mm und 8x 5 mm Durchmesser

DAMIT DIE GRÖSSE STIMMT

10 feste Maschen nebeneinander sind in diesem Modell etwa 10 cm breit.
Wer fester häkelt, arbeitet besser mit einer etwas dickeren Nadel. Wer lockerer häkelt, sollte eine etwas dünnere Nadel nehmen. Nur so erhält das Fußbändchen genügen Stabilität, damit der Verschluss sicher hält, während das Bändchen selbst noch schön weich und angenehm zu tragen ist.

SO WIRD'S GEMACHT

So viele Luftmaschen mit dem Raffiagarn in Rosa anschlagen, bis die Luftmaschenkette von der hinteren Fersenmitte in Höhe des Sprunggelenkes über die Fußmitte und wieder zurück zum Ausgangspunkt gelegt werden kann. Dabei möglichst auf eine ungerade Maschenzahl achten. In dem hier gezeigten Beispiel sind es 41 Luftmaschen.
Das Sisalgarn mit dazunehmen und mit beiden Bastgarnen zusammen 1 Reihe feste Maschen häkeln.

Am Ende der Reihe den Faden des Sisalgarns etwa 10 cm lang abschneiden. Für die **Knopfschlaufe** nur noch mit dem Raffiagarn 5 Luftmaschen anschlagen, mit 1 Kettmasche in die letzte feste Masche zur Schlinge schließen, wenden. 8 feste Maschen in die Schlinge häkeln und die Knopfschlaufe mit 1 Kettmasche wieder an der letzten festen Masche befestigen.

Wieder beide Bastgarne zusammennehmen und aus der mittleren Masche der melierten (= der zuvor mit beiden Bastgarnen gehäkelten) Reihe das Zehenband arbeiten: Mit 1 Kettmasche anschlingen und so viele Luftmaschen häkeln, bis die Luftmaschenkette von der Fußmitte aus einmal zum Zeh verläuft, dort locker um den Zeh herum und wieder zurück über das Stückchen Luftmaschenkette gelegt werden kann, das zum Zeh hin verläuft.

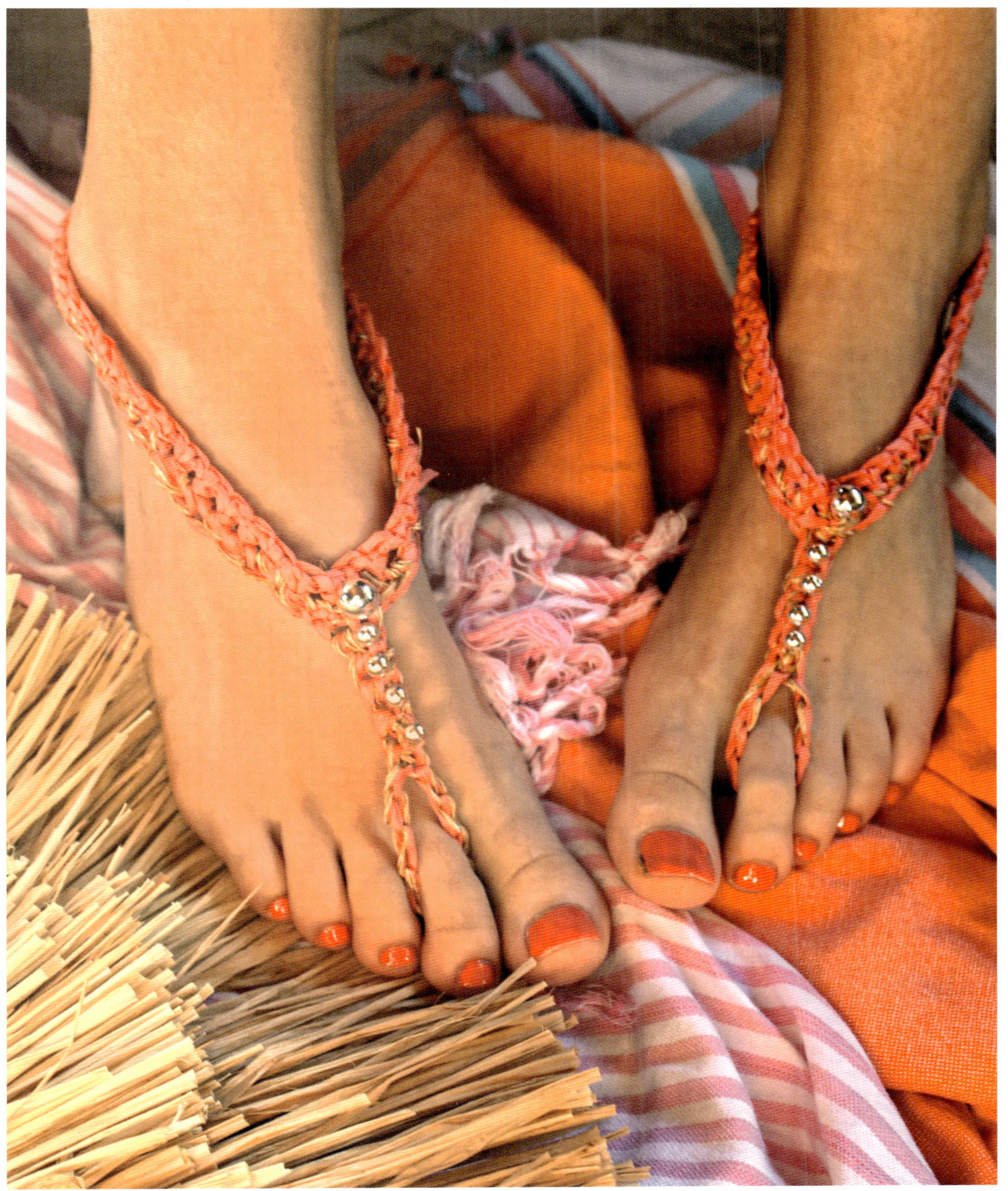

In dem gezeigten Beispiel sind es 13 Luftmaschen. Ab dieser Stelle wieder feste Maschen bis zum Fußband häkeln, in unserem Beispiel sind es 4 feste Maschen, und mit 1 Kettmasche in das Fußband schließen.

An das Ende des Fußbandes ohne Knopfschlinge je 1 große Perle mit dem Sisalgarn annähen und prüfen, ob die Knopfschlinge eng genug ist, um das Band fest am Fuß zu halten. Ansonsten das Sisalgarn auf der Rückseite des Fußbandes einmal ringsum durch die Schlinge nähen und so fest anziehen, dass die Weite des Knopfloches genau passt. Dann beide Fadenenden des Sisalgarns vernähen.

Auf dem kurzen Stück zwischen Fußband und Zehenschlaufe mit dem Sisalgarn jeweils oben 1 dicke und darunter 4 kleinere Perlen aufnähen. Dann alle Fadenenden vernähen oder in den festen Maschen einweben.

Beide Fußbändchen werden auf die gleiche Weise gearbeitet.

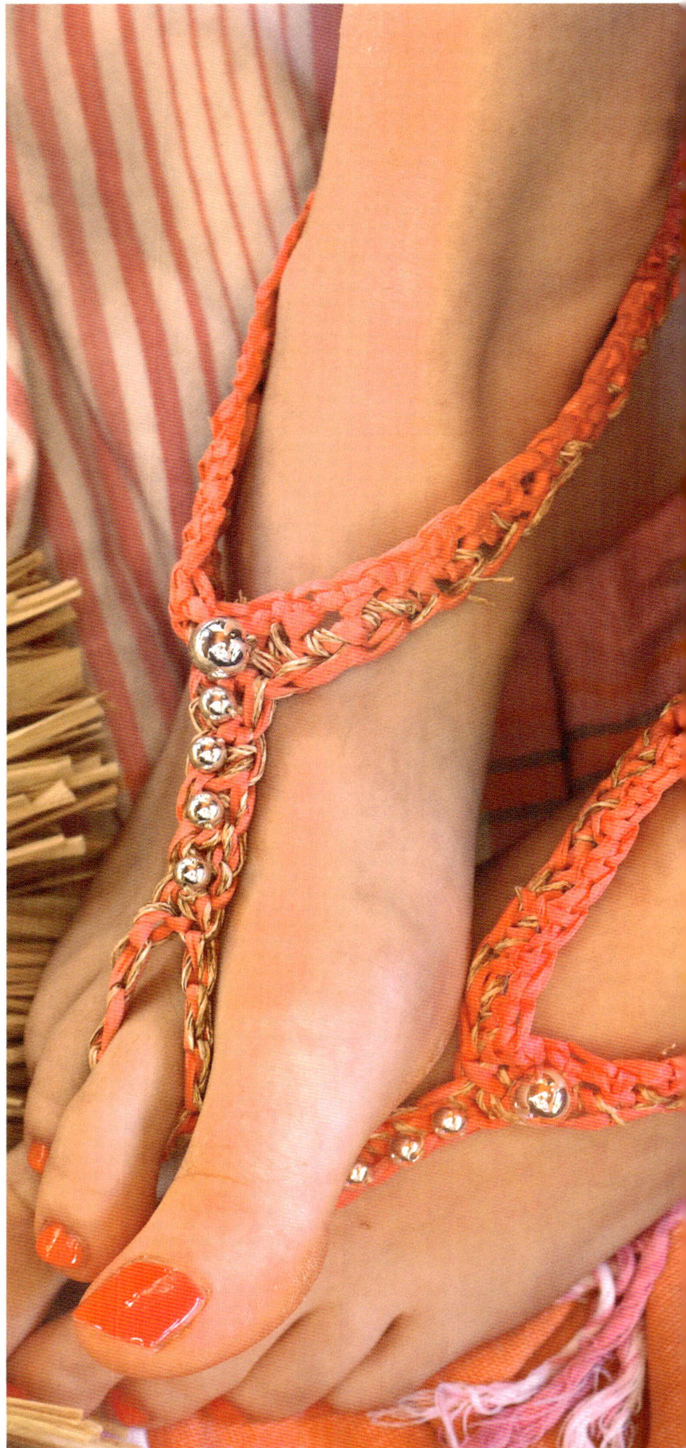

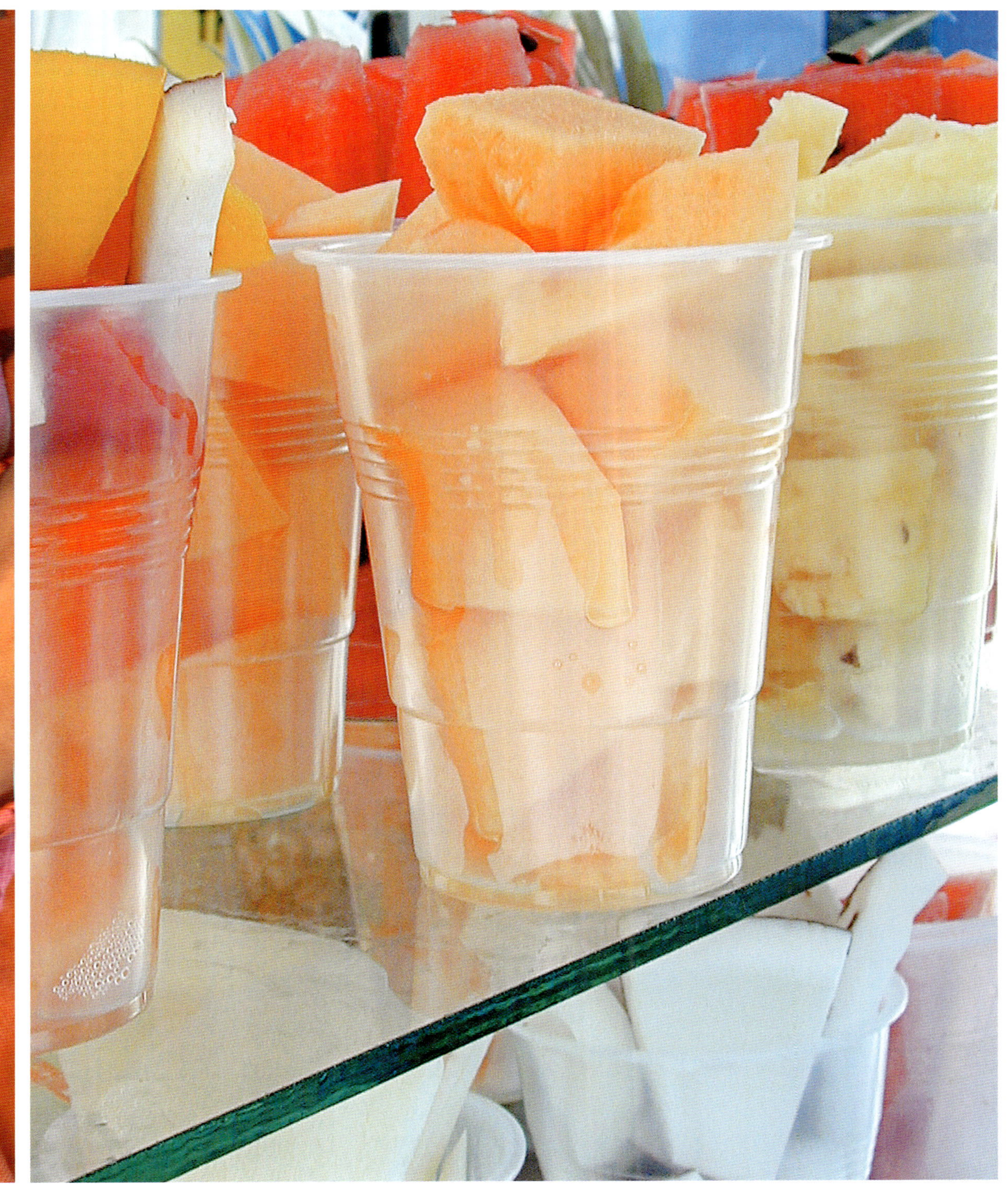

Schmale Armreife

Upcycling-Kur mit Bastresten: Aufwerten, was gut und schön ist

GRÖßE

Individuell anpassbar

MATERIAL

Bastreste nach Belieben – Aufwerten, nicht wegwerfen!

NADEL UND UTENSILIEN

- Sticknadel ohne Spitze
- Heißklebepistole
- Schmale Armreife aus Metall

IDEE

Einfache Armreife lassen sich mit Bast leicht aufwerten. Selbst ein Konvolut an Ringen, die vielleicht gar nicht zueinander passen, werden dadurch zu einem wunderbar kombinierbaren Set, das immer neue Kombinationsmöglichkeiten bietet und frische Farben ins Outfit bringt.

TIPP: Besonders schön wirkt es, wenn man gleich mehrere ganz unterschiedlich gestaltete Armringe miteinander kombiniert! Je mehr Ringe Sie gestalten, desto mehr Möglichkeiten zu kombinieren haben Sie. Trauen Sie sich ruhig, nur Teile eines Reifens zu dekorieren. Oder lassen Sie Bastknoten als Dekoelement stehen. Knüpfen Sie kleine Perlen aus den Resten der Fußbändchen von Seite 24 mit ein.

Oder arbeiten Sie gleich mit mehreren der schönen Bastfarben und wickeln, knoten, flechten, sticken oder weben Sie sie um die Metallreifen herum.

SO WIRD'S GEMACHT

Den Bast am Armreifen mit einem ca. 10 cm langen Ende anknoten, dann fest und dicht um den Ring wickeln, sodass sich die Enden jeweils ein Stücken überlappen. Nach beliebiger Länge das Bastende wieder verknoten und nach dem Knoten ca. 10 cm lang abschneiden.

TIPP: Spielen Sie ruhig damit, das Material des Armringes ein Stückchen sichtbar zu lassen!

Die beiden überstehenden Endstücke des Bastes nach dem Wickeln mit einer stumpfen Sticknadel auf der Innenseite einweben.

TIPP: Versuchen Sie vorher mal an einem kleinen Stückchen Bast, ob dieser sich eignet, die Enden mit der Heißklebepistole oder mit Alleskleber zu fixieren. Je nach Material funktioniert das ganz hervorragend, andere Bastarten hinterlassen nach dem Kleben wiederum unschöne Flecken. Probieren Sie dies vorher unbedingt aus! Die Bastenden können aber auch kürzer abgeschnitten als kleines Dekoelement stehenbleiben!

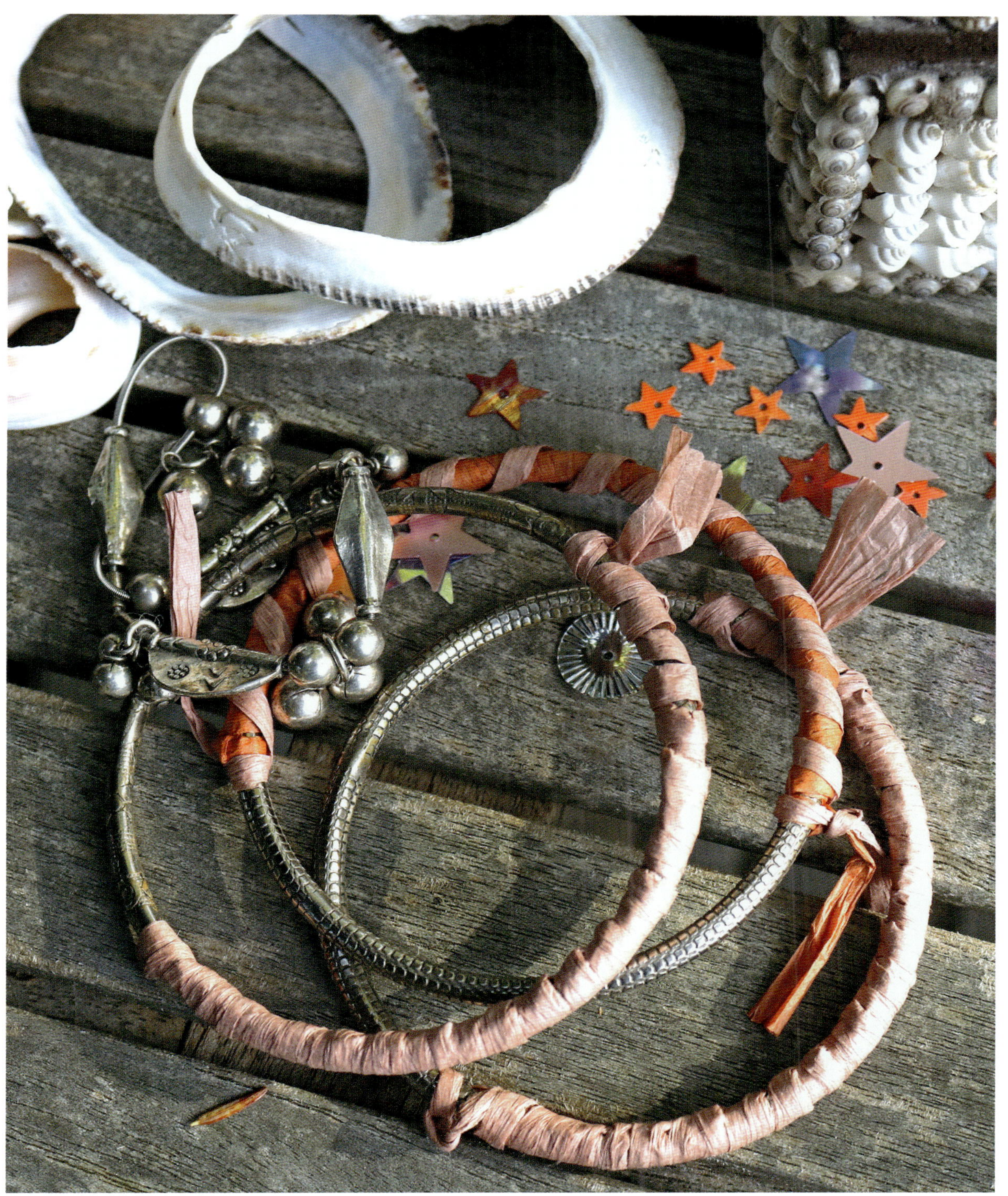

Bestickter Fischerhut

Upcycling-Idee: Aus Bast-Resten Unikate schaffen

GRÖẞE

Individuell anpassbar

MATERIAL

Farbliche passende Bastreste

NADEL UND UTENSILIEN

- Sticknadel mit Spitze
- Auswaschbarer Bügeltransferstift
- Transparentpapier
- Ein einfacher Baumwollhut

IDEE

Machen Sie einen einfachen Baumwollhut mit aufgestickten Initialen aus Bastgarn zu einem ganz persönlichen Accessoire!

SO WIRD'S GEMACHT

Die Initialen in gewünschter Größe und Schrifttype aufzeichnen oder ausdrucken. Dann mit einem Bleistift auf Transparentpapier durchpausen. Damit das Monogramm später nicht spiegelverkehrt erscheint, das Transparentpapier umdrehen und auf der Rückseite mit dem Bügeltransferstift nachzeichnen.

TIPP: Um das Bügeleisen zu schonen, die ursprüngliche Bleistiftlinien wieder wegradieren!

Nun das Monogramm an die gewünschte Stelle positionieren und nach Herstellerangabe des Stiftes auf den Baumwollhut aufbügeln. Bitte auch die Angaben zur höchsten Bügelstufe auf dem Etikett des Hutes beachten!

Den Bast auf die Sticknadel fädeln und das Monogramm zunächst mit einfachen Rückstichen nachsticken, dann die breiteren Linien im Plattstich nacharbeiten. So bekommt das Monogramm eine schöne Plastizität, sodass es durch die Eigenschaften des Bastgarns besonders schön zur Geltung kommt.
Die Garnenden auf der Innenseite des Hutes in die übrigen Spannfäden einweben.

Für das Schleifchen das Bastgarn ca. 10x um Zeige- und Mittelfinger der linken Hand wickeln und in der Mitte verknoten. Mit einem Rest Bast in einer Kontrastfarbe den Knoten in der Mitte durch einige Umwicklungen abdecken. Die beiden Fadenenden auf der Rückseite der Schleife verknoten und nicht zu kurz abschneiden. Die Schleife nach Belieben positionieren, beide Fadenenden des Kontrastgarns nacheinander durch den Stoff des Hutes ziehen und auf der Innenseite erneut verknoten. Dann kurz abschneiden.

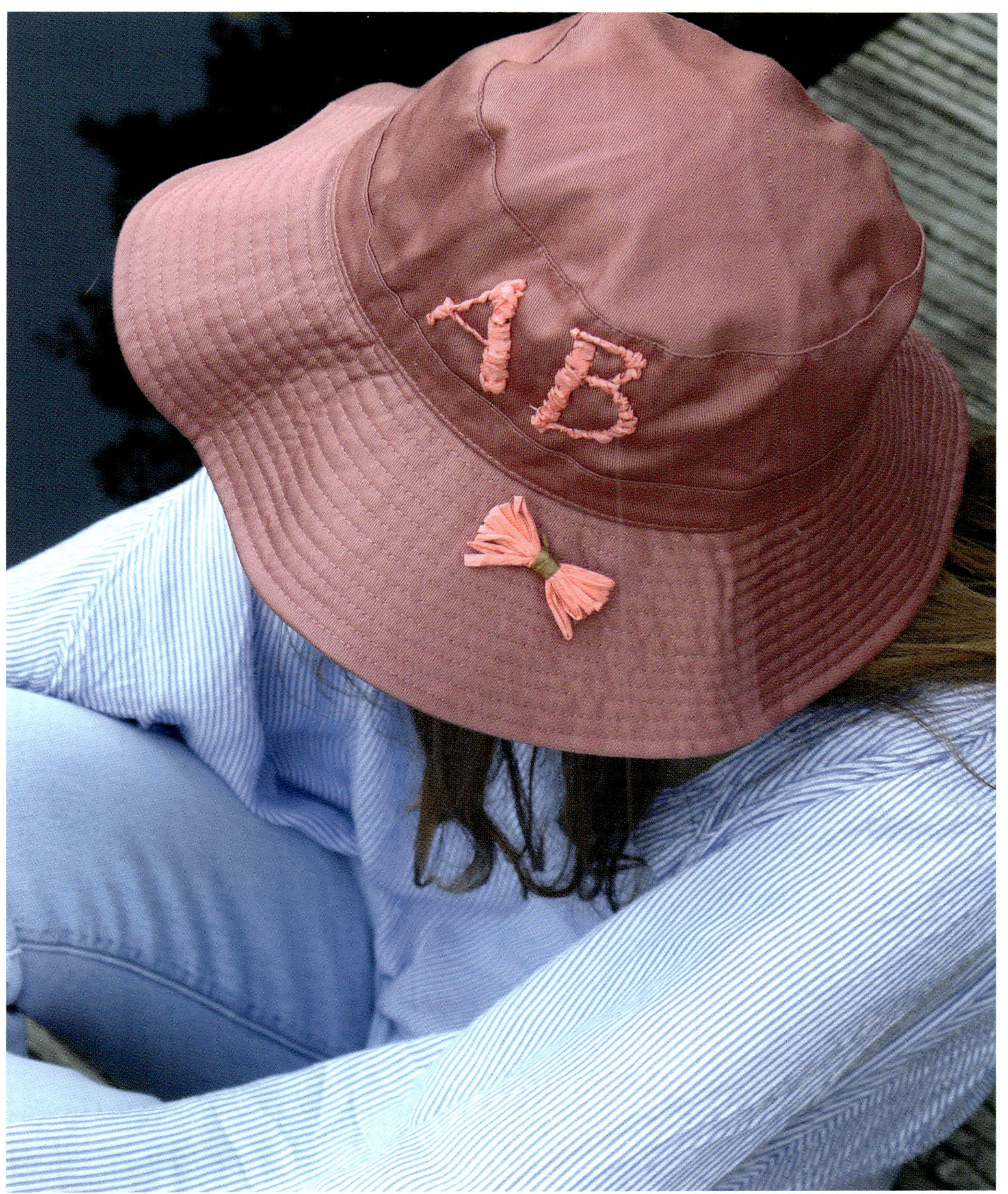
AB

Gehäkelte Netztasche

Die XL-Tasche mit Lederriemen bietet Platz für alles, was man am Strand braucht

GRÖßE

52 cm lang und 38 cm breit (ohne Henkel)

MATERIAL

Kremke Soul Wool Papyrus aus 100 % Papier (ca. 153 m/100 g): 100 g in Altrosa (Fb 89)

NADELN UND UTENSILIEN

- Häkelnadel 10 mm
- Sticknadel ohne Spitze
- 2 Lederriemen, 48 cm lang und 2 cm breit
- Lederahle
- Geflochtener Nähfaden für Lederarbeiten
- Passende Nähnadel mit Spitze

DAMIT DIE GRÖSSE STIMMT

Im beschriebenen Netzmuster sind 8 Maschen nebeneinander etwa 10 cm breit, 2 Reihen/Runden Netzmuster übereinander etwa 10 cm hoch.
Wer fester häkelt, arbeitet besser mit einer etwas dickeren Nadel. Wer lockerer häkelt, sollte eine etwas dünnere Nadel nehmen. Nur so fällt das Netz in der gewünschten Größe aus und es bleibt locker, aber formstabil.

SO WIRD'S GEMACHT

54 Luftmaschen anschlagen und zur Runde schließen.
1. Runde: 1 Steige-Luftmasche, * 3 Luftmaschen, 1 feste Masche in die 4. Luftmasche häkeln; ab * stets wiederholen. Die Runde nicht mit einer Kettmasche schließen, sondern in Spiralrunden weiterarbeiten.
2.–26. Runde: * 3 Luftmaschen, 1 feste Masche um den nächsten Luftmaschenbogen; ab * stets wiederholen. Den Faden nicht abschneiden.

Den Taschenkörper flach aufeinanderlegen, sodass die Bögen der letzten Runde genau übereinanderliegen. 1 Wende-Luftmasche, dann jeweils den nächsten Bogen von Vorder- und Rückseite verbinden, indem um beide Bögen zusammen jeweils 3 feste Maschen gehäkelt werden. Auf diese Weise alle Maschen von Vorder- und Rückseite verbinden. Den Faden abschneiden und mithilfe der stumpfen Sticknadel auf der Innenseite vernähen.

Den Tascheneingriff mit 1 Runde feste Maschen umhäkeln.

Mit der Lederahle passende Löcher in beide Enden der Lederriemen stechen und die Riemen mit dem Leder-Nähgarn an den oberen Rand des Netzes annähen.

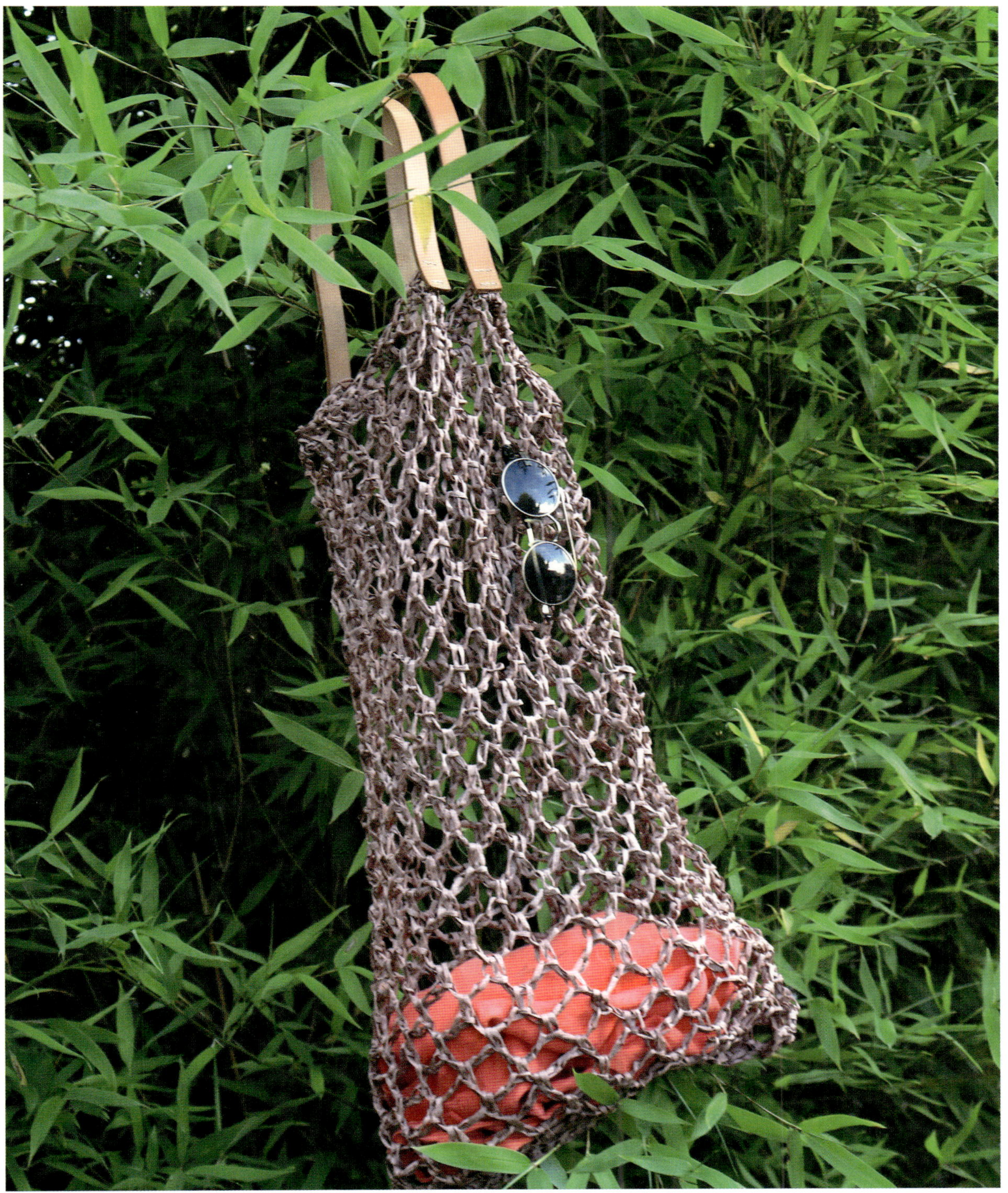

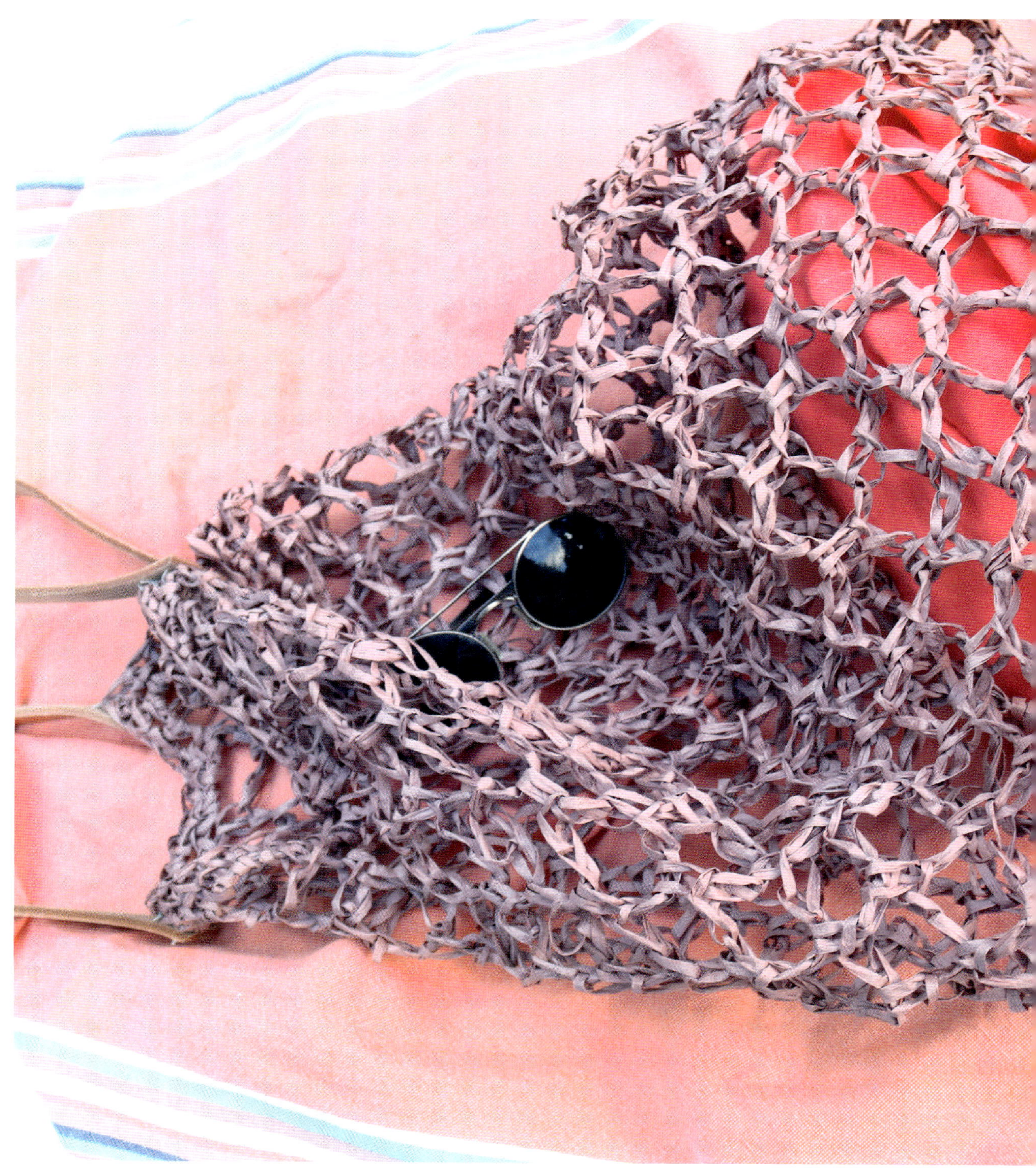

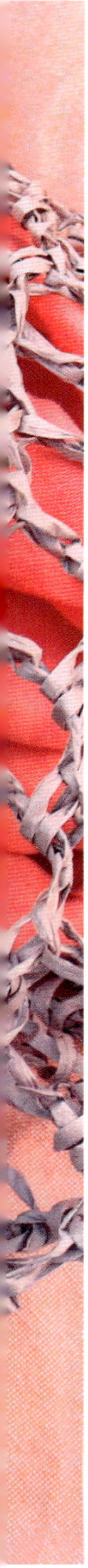

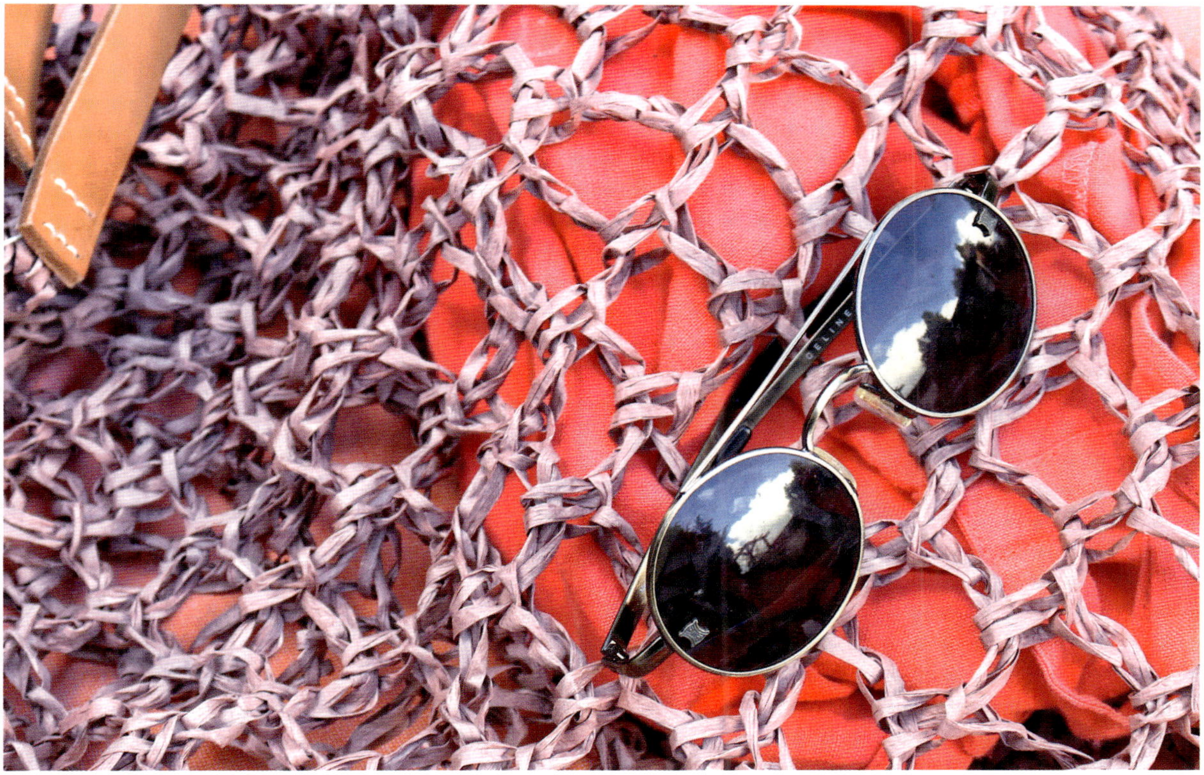

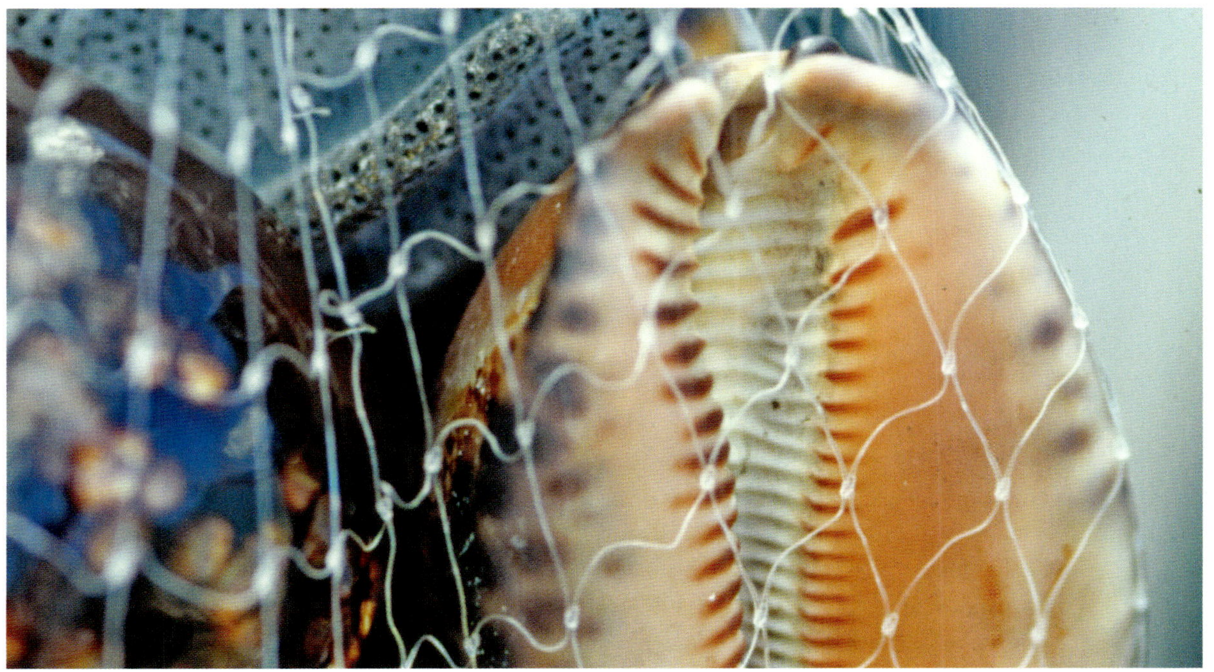

Bestickter Bastkorb

Der perfekte Begleiter für jedes Sommerkleid

GRÖẞE

Kann auf jede gewünschte Korbgröße individuell angepasst werden

MATERIAL

Kremke Soul Wool Papyrus 100 % Papier (ca. 153 m/100 g): je einen Rest in den Farben Aubergine (Fb 41), Rosa (Fb 29), Nougat (Fb 91) und Flieder (Fb 89) oder jedes beliebige Bastgarn in gewünschten Farben

NADEL UND UTENSILIEN

- Sticknadel ohne Spitze
- Heißklebepistole
- Garnreste in beliebigen Farben, hier jeweils ein Rest Lana Grossa Cool Wool Big in Gelborange (Fb 974) und Lana Grossa Elastico in Zartblau (Fb 130) und Azalee (Fb 155) für die Pompons
- Pomponset in unterschiedlichen Größen, z. B. von Prym, oder jeweils 2 Ringe aus Pappe

IDEE

Einfache Bastkörbe, wie man sie überall im Handel findet, lassen sich ganz einfach aufpeppen, indem Sie sie mit Bastresten locker besticken. Richtig schön wird es, wenn Sie in farblich dazu passendem Materialmix unterschiedlich große Pompons aus Wollgarnen herstellen und kombinieren.

Trauen Sie Ihrem Farbempfinden und kombinieren Sie auch einmal ungewöhliche Farben, wie es Ihnen gefällt!

SO WIRD'S GEMACHT

Dazu von jeder gewünschten Farbe jeweils einen Bastfaden in einer Länge von ca. 2x dem Umfang des Korbes zuschneiden, auf eine Sticknadel ohne Spitze fädeln und im breiten Zickzack ringsum die obere Kante durch die Flechtung des Korbes sticken. Wenn Sie den Faden nach jedem Ausstechen noch einmal um das letzte Stückchen des eingestickten Garns herumschlingen, erhält die Stickborte etwas mehr Stabilität. Die beiden Bastenden lassen sich auf der Innenseite leicht in die Baststruktur des Korbes einweben.
Auf diese Weise so viele Reihen in unterschiedlichen Farben einsticken, wie gewünscht.

TIPP: Durch die Reibung an den scharfen Kanten des Bastgeflechts kann der Bastfaden reißen. Achten Sie darauf, dass sich der Faden locker durchziehen lässt.

Mit Hilfe des Pomponsets viele unterschiedlich große Pompons in bunter Farbmischung herstellen und am Rand des Korbes annähen. Auch diese Fadenenden können wieder auf der Innenseite des Korbes in das Geflecht eingewebt werden.

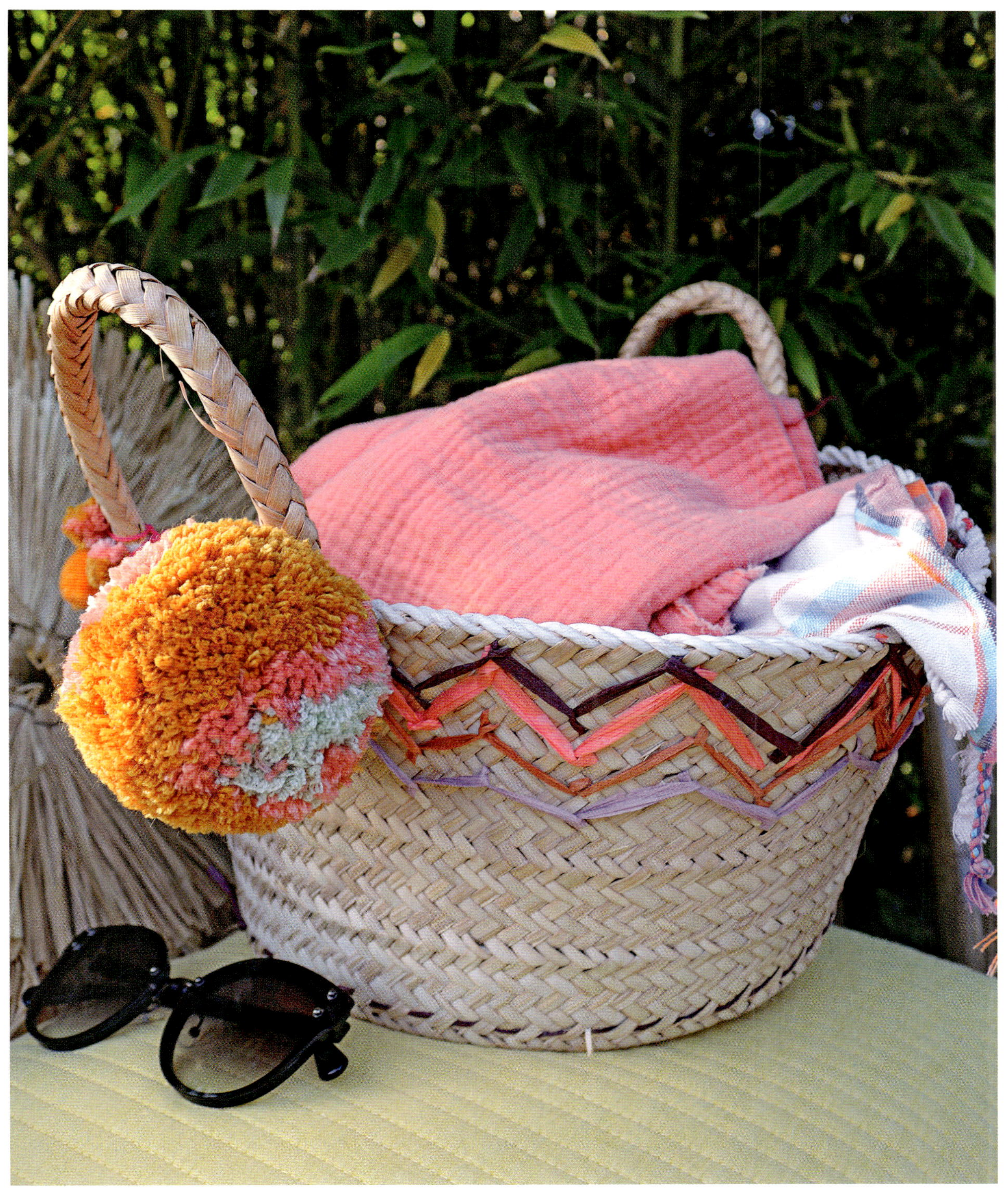

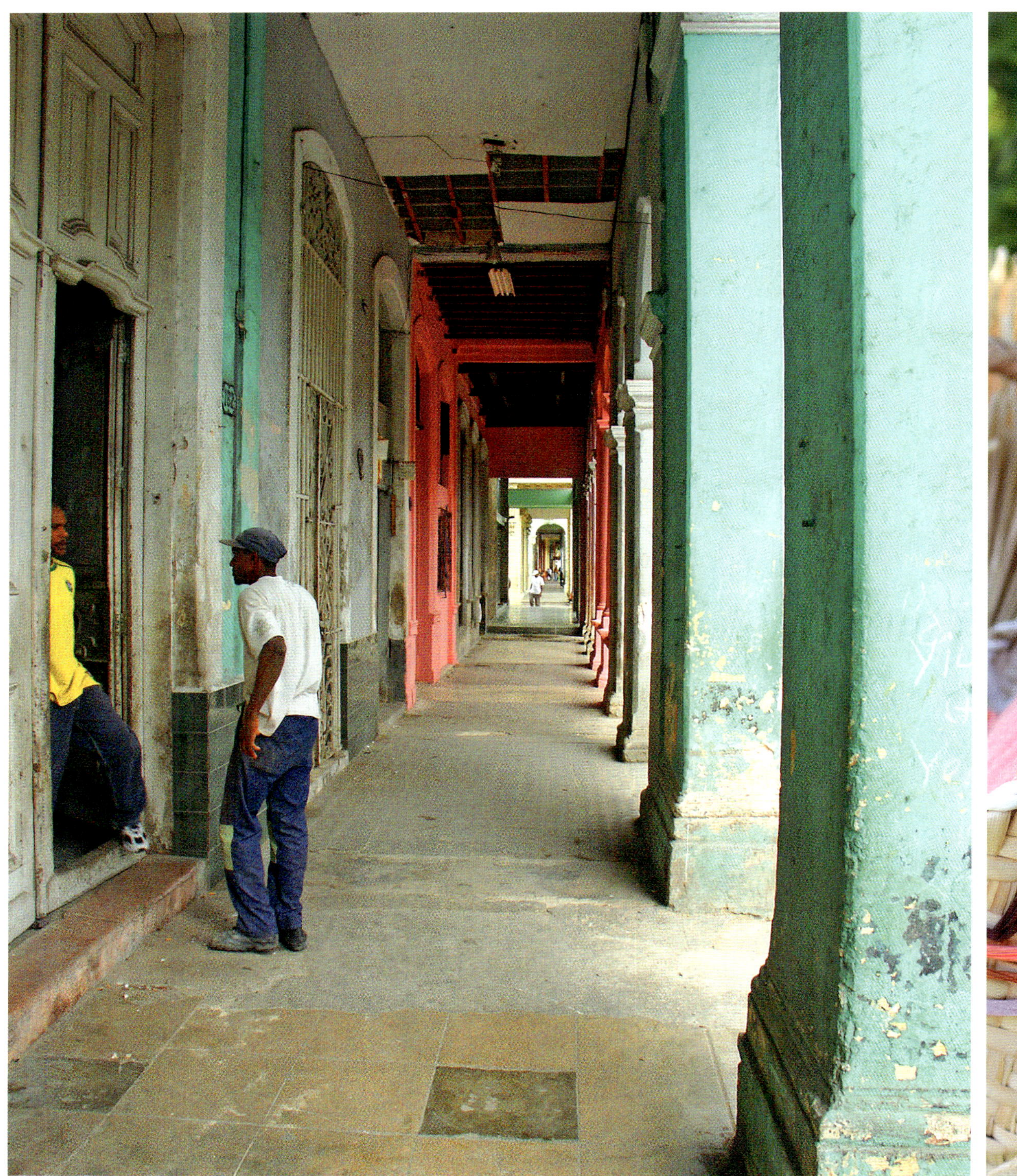

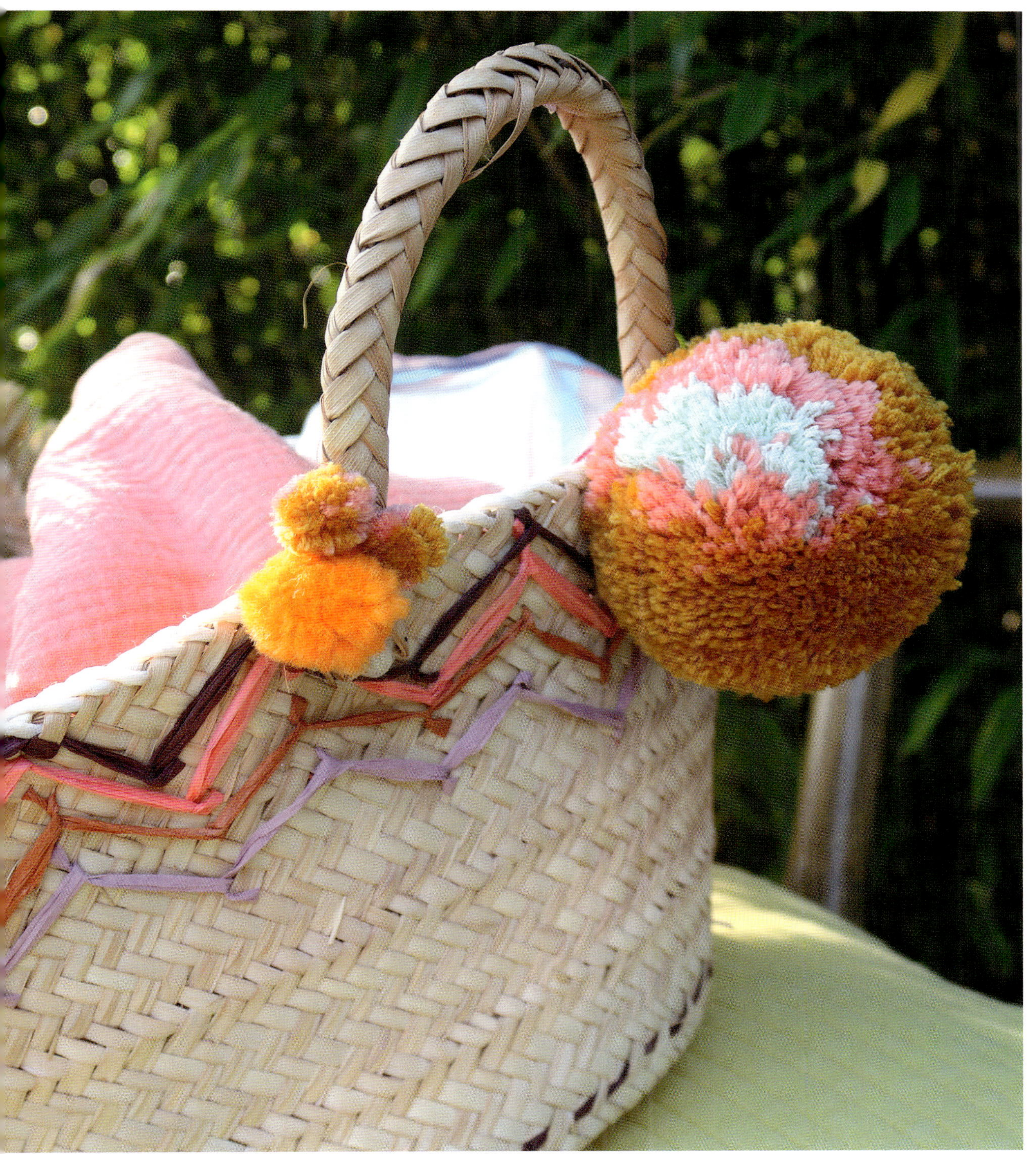

Garnnetze zur Aufbewahrung

Abrollhilfe für Textilgarnknäuel oder hübsche Geschenkverpackung für Flaschen

GRÖßE

Kann sowohl in der Größe als auch in der Netzdichte individuell angepasst werden

MATERIAL

Kremke Soul Wool Papyrus aus 100 % Papier (ca. 153 m/100 g): jeweils ca. 12 m einer beliebigen Farbe.

SO WIRD'S GEMACHT

12 Fäden von jeweils ca. 90–100 cm Länge zuschneiden. Alle Fäden in einem dicken Knoten an einem Ende mit nur wenig Überstand zusammenknoten und in 6 Stränge von jeweils 2 Fäden aufteilen. In jeden Strang aus 2 Bastfäden nun jeweils einen 1. Knoten auf der Höhe setzen, der dem halben Durchmesser des Textilgarnknäuels oder des Gegenstandes entspricht, der im Netz aufbewahrt werden soll. Es liegen nun 6 Stränge mit jeweils 1 Knoten vor. Die Stränge teilen und jeweils 1 Faden von 2 benachbarten Strängen auf etwa derselben Höhe wie zuvor miteinander verknoten, sodass sich die 1. Netzstruktur ergibt. Diesen Schritt bis zur gewünschten Höhe wiederholen. Das Textilknäuel zwischendurch hineinlegen und ausprobieren.

TIPP: Bei einer Flasche sollte bis zum Hals oder Korken geknüpft werden, dann sitzt das Netz stabil und hält die Flasche sicher.

Anschließend in die Fäden aller 6 Stränge wieder einen dicken Knoten am oberen Ende der Garnstränge knoten. Um das Netz aufhängen zu können, einen Holzring eingeknüpft und erneut verknoten.

Als hübsche Dekorelemente lassen sich auch Holzperlen auf die Garnenden ziehen und verknoten.

Deko-Idee: Ein Netz um eine Glaskugel knüpfen und am Fenster aufhängen! Oder für's Urlaubsfeeling Zitronen ins Netz hängen. So bekommen sie gut Luft und verbreiten gleichzeitig Citrus-Charme.

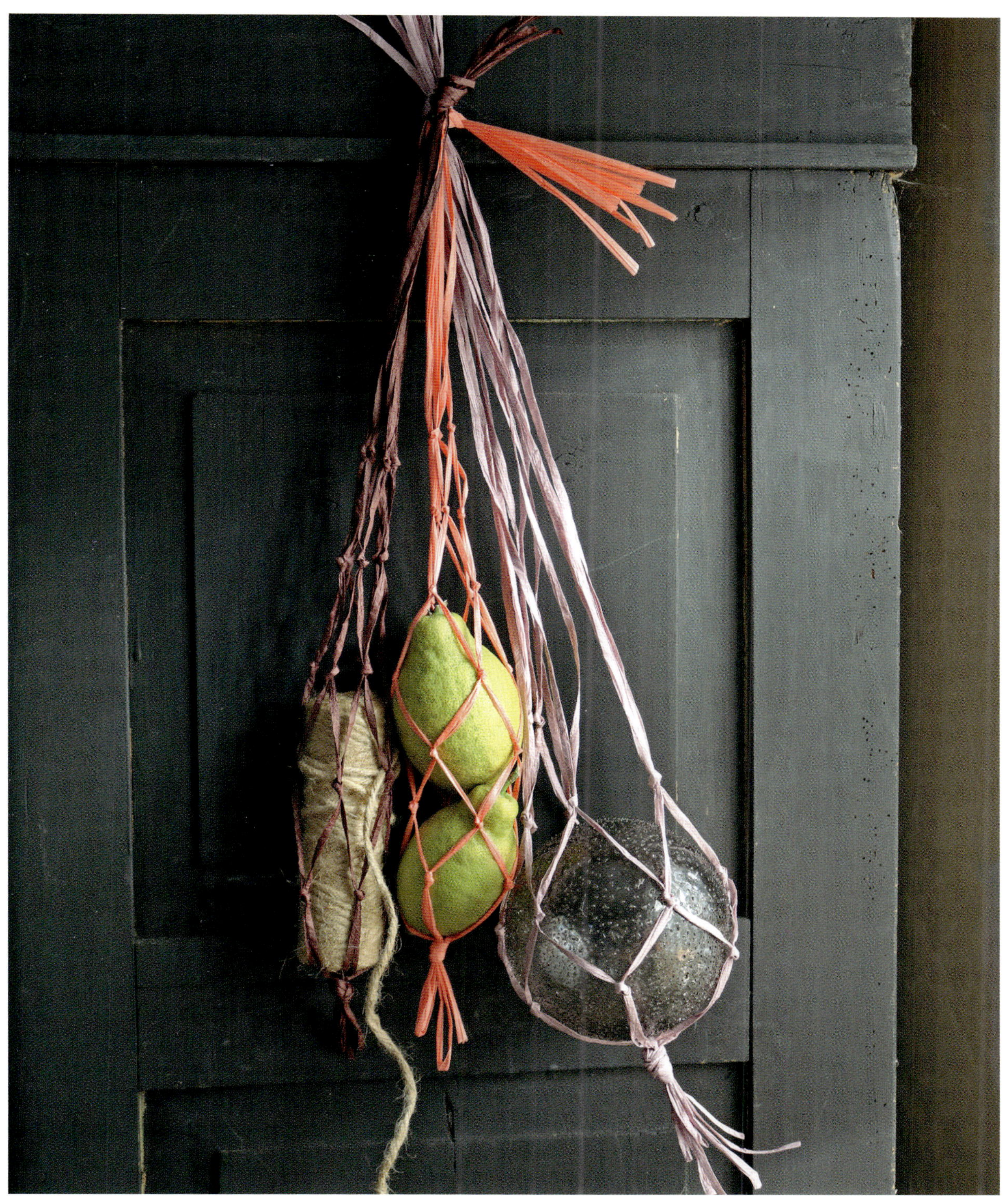

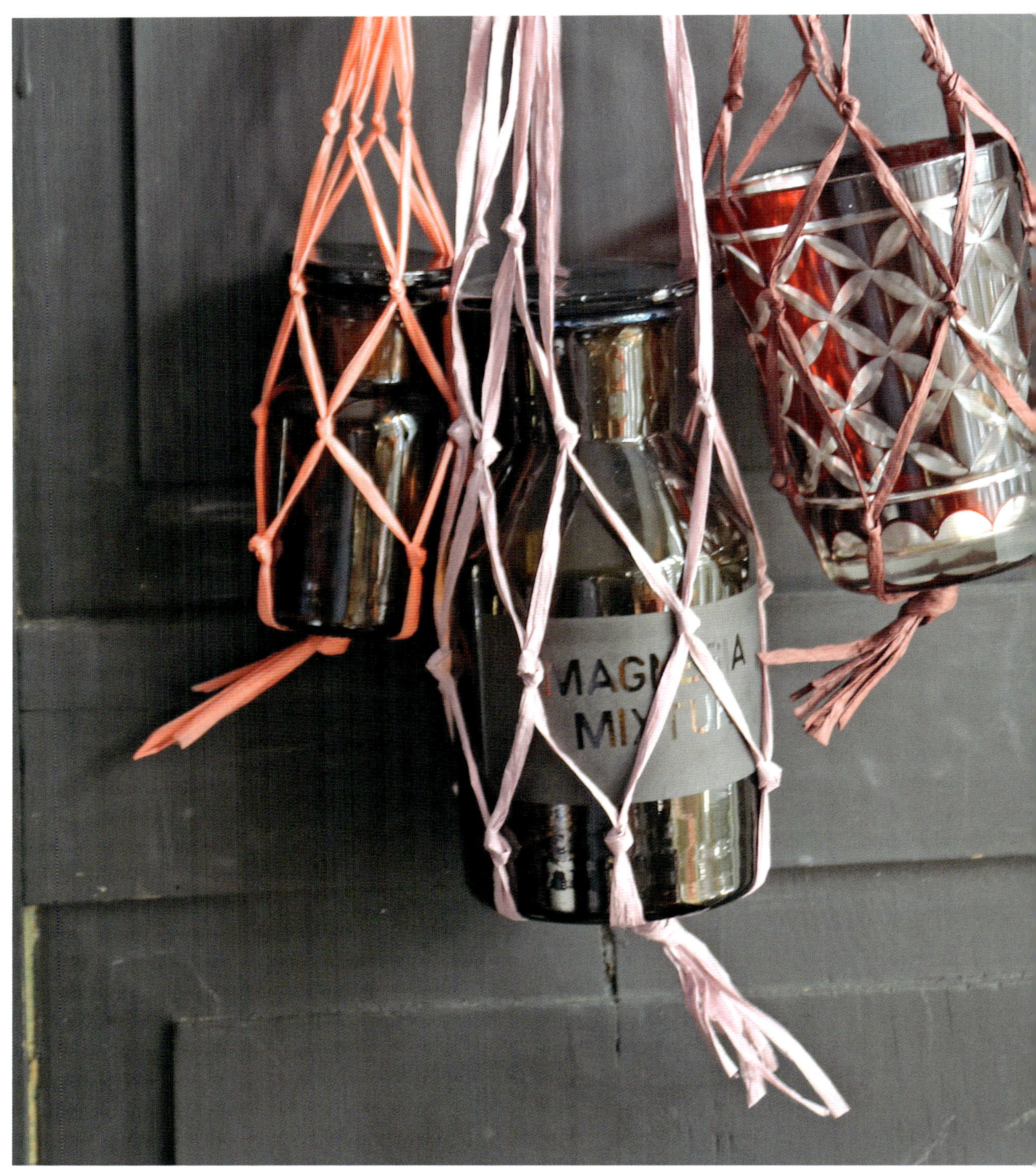

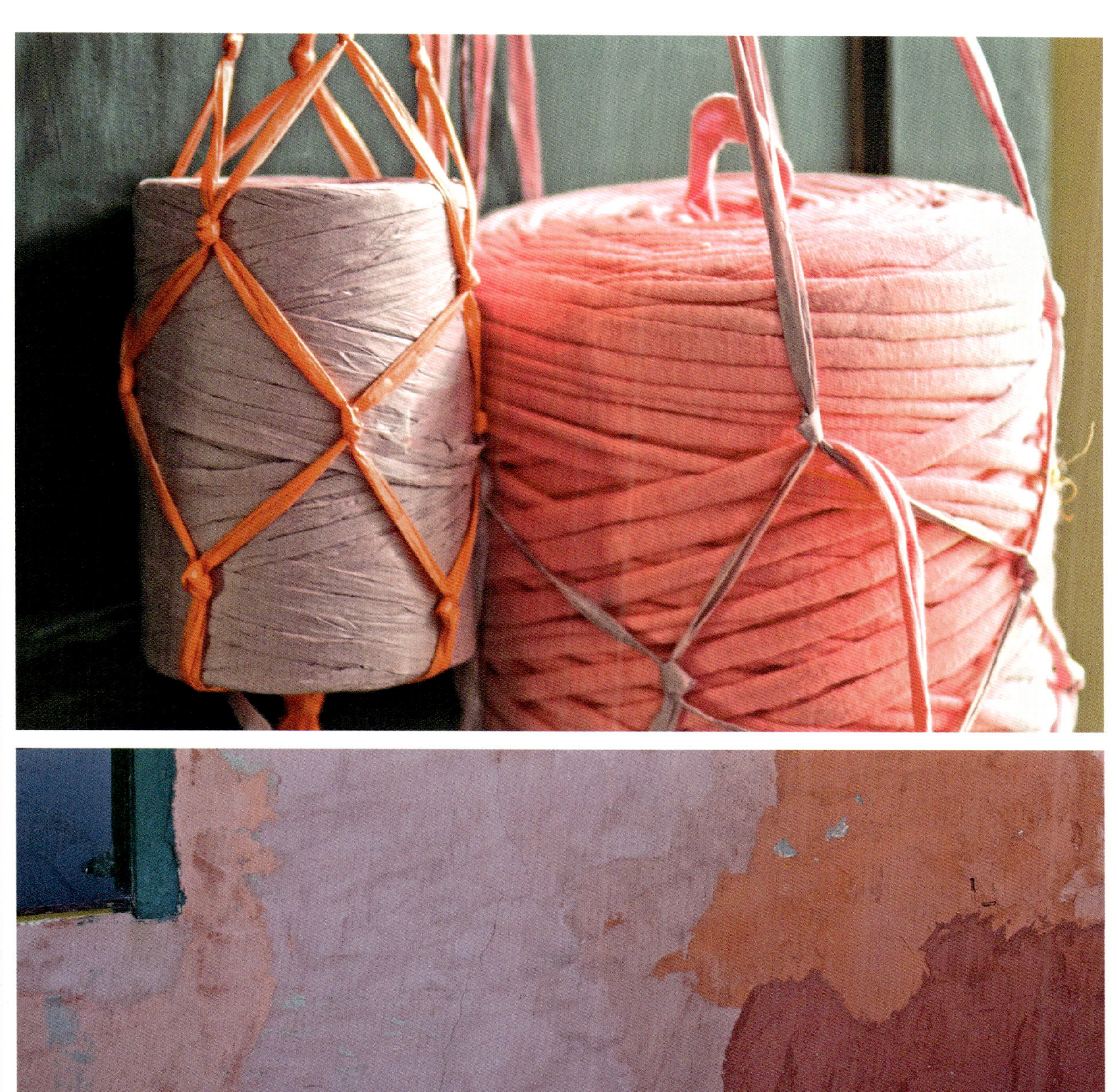

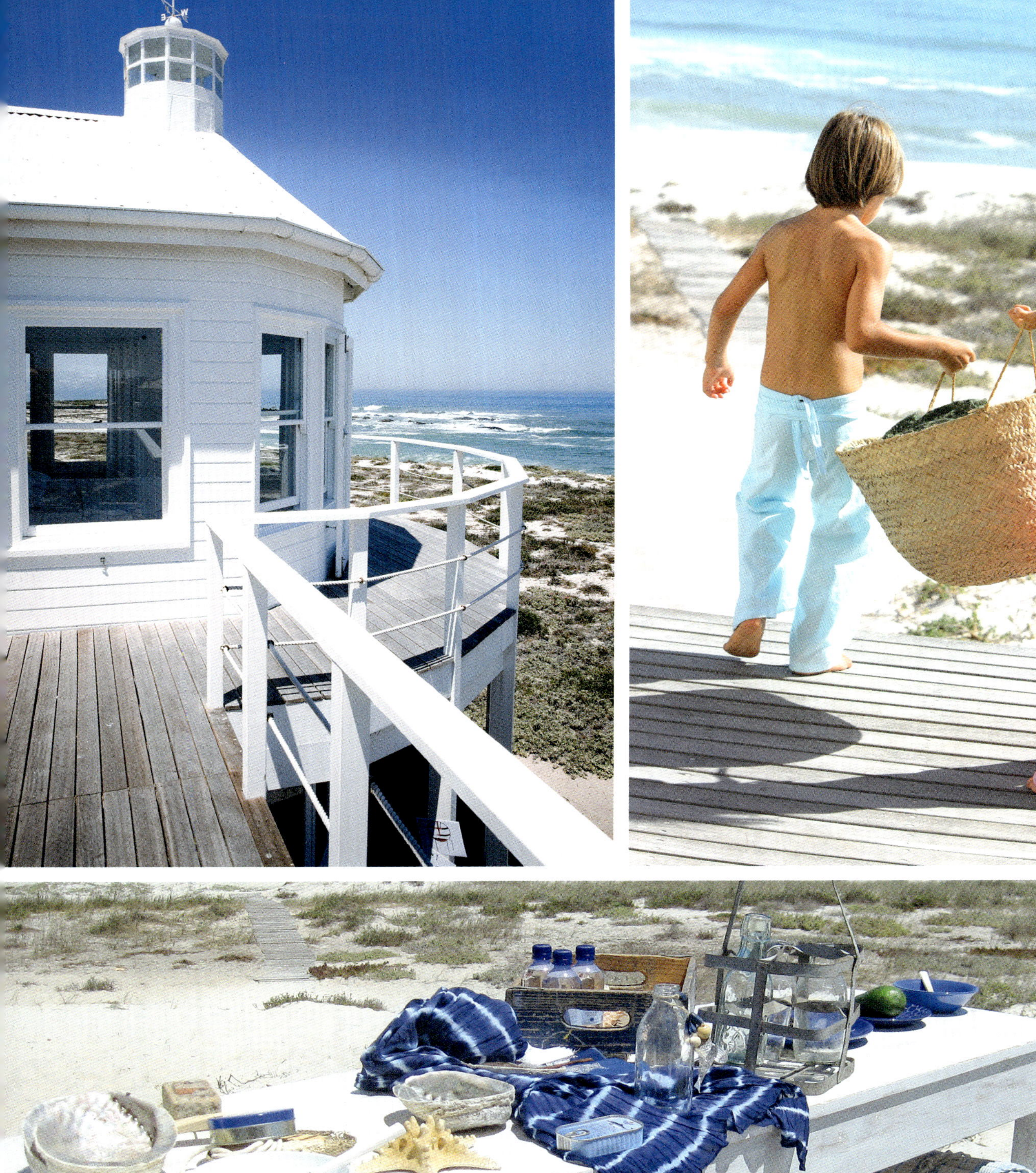

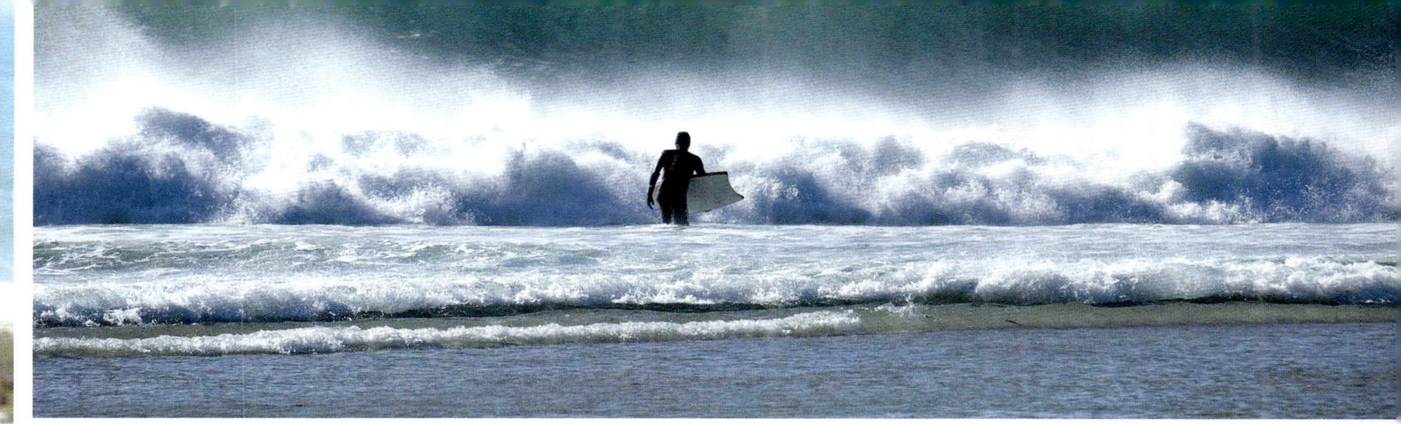

Inspiration Südafrika

Frisch, maritim, sportlich

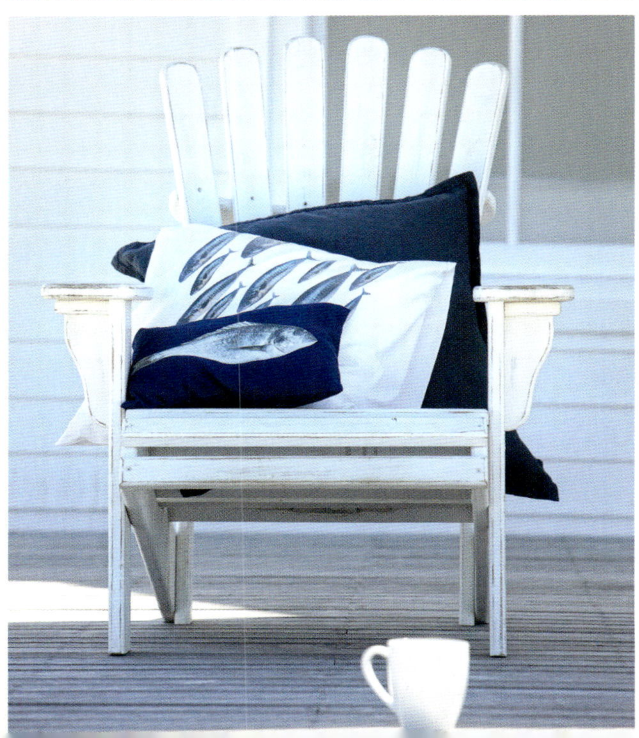

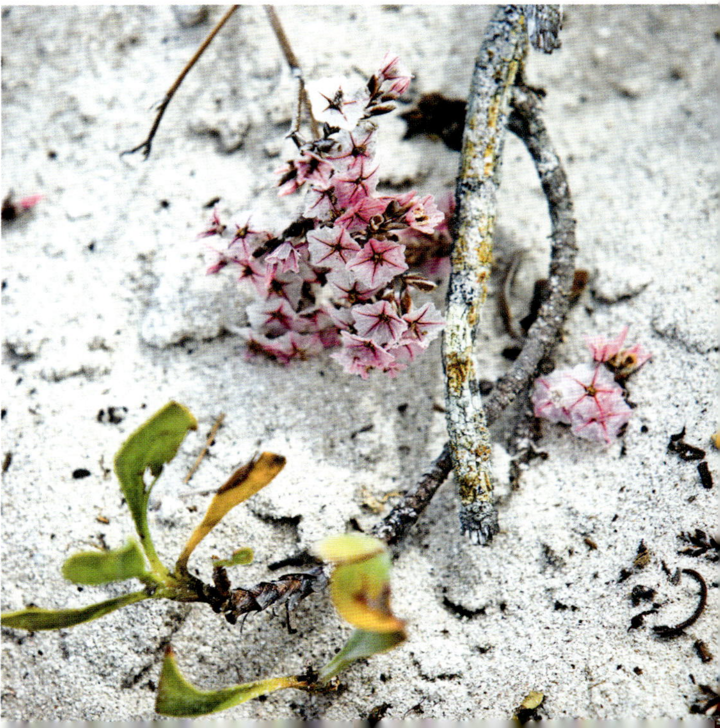

Gestrickte Body-Bags

Mit diesen Kettentaschen haben Sie USB-Stick oder Lippenstift immer griffbereit

GRÖßE

Klein: 8 cm hoch und 6 cm breit (ohne Henkel)
Groß: 9 cm hoch und 5 cm breit (ohne Henkel)

MATERIAL

Natural Club Raffia aus 100 % abbaubarer Holzfaser (ca. 75 m/35 g): je 35 g in Blau (Fb 37203) und in Nougat (Fb 37209); die Menge reicht für beide Täschchen

NADELN UND UTENSILIEN

- Stricknadeln in 2,5 mm und 3 mm
- Häkelnadel in 4 mm
- Sticknadel ohne Spitze

DAMIT DIE GRÖSSE STIMMT

22 Maschen nebeneinander sind in diesem Modell etwa 10 cm breit, 32 Reihen Maschen glatt rechts übereinander etwa 10 cm hoch.
Wer fester strickt, arbeitet besser mit einer etwas dickeren Nadel. Wer lockerer strickt, sollte eine etwas dünnere Nadel nehmen. Nur so fallen die Body-Bags in der angegebenen Größe aus, bleiben formstabil und weich.

SO WIRD'S GEMACHT

Für die **größere Body-Bag** 22 Maschen in Nougat mit Nadelstärke 3 mm anschlagen und in folgender Streifenfolge glatt rechts in Hin- und Rückreihen arbeiten, dabei mit je 1 Randmasche beginnen und enden: 9 Reihen in Nougat, 9 Reihen in Blau, 9 Reihen in Nougat, dann alle Maschen in Nougat abketten.

Das Rechteck rechts auf rechts längs zur Hälfte legen, sodass die beiden seitlichen Strickränder aufeinanderliegen. Den Faden mit der Häkelnadel an der gefalteten unteren Mitte neu anschlingen und zunächst die untere Kante, dann die Seite schließen, indem Vorder- und Rückseite durch feste Maschen zusammengehäkelt werden. Am oberen Rand angekommen noch 1 Runde ringsum mit festen Maschen behäkeln.

Für den Henkel mit je 1 Faden in Blau und in Nougat an einer Seite der Body-Bag neu anschlingen, für den Henkel eine Luftmaschen-Kette von 110 cm Länge häkeln und mit 1 Kettmasche an der anderen Seite befestigen. Die Fadenenden an beiden Seiten verknoten, ca. 3 cm lang abschneiden und als dekoratives Element stehenlassen.

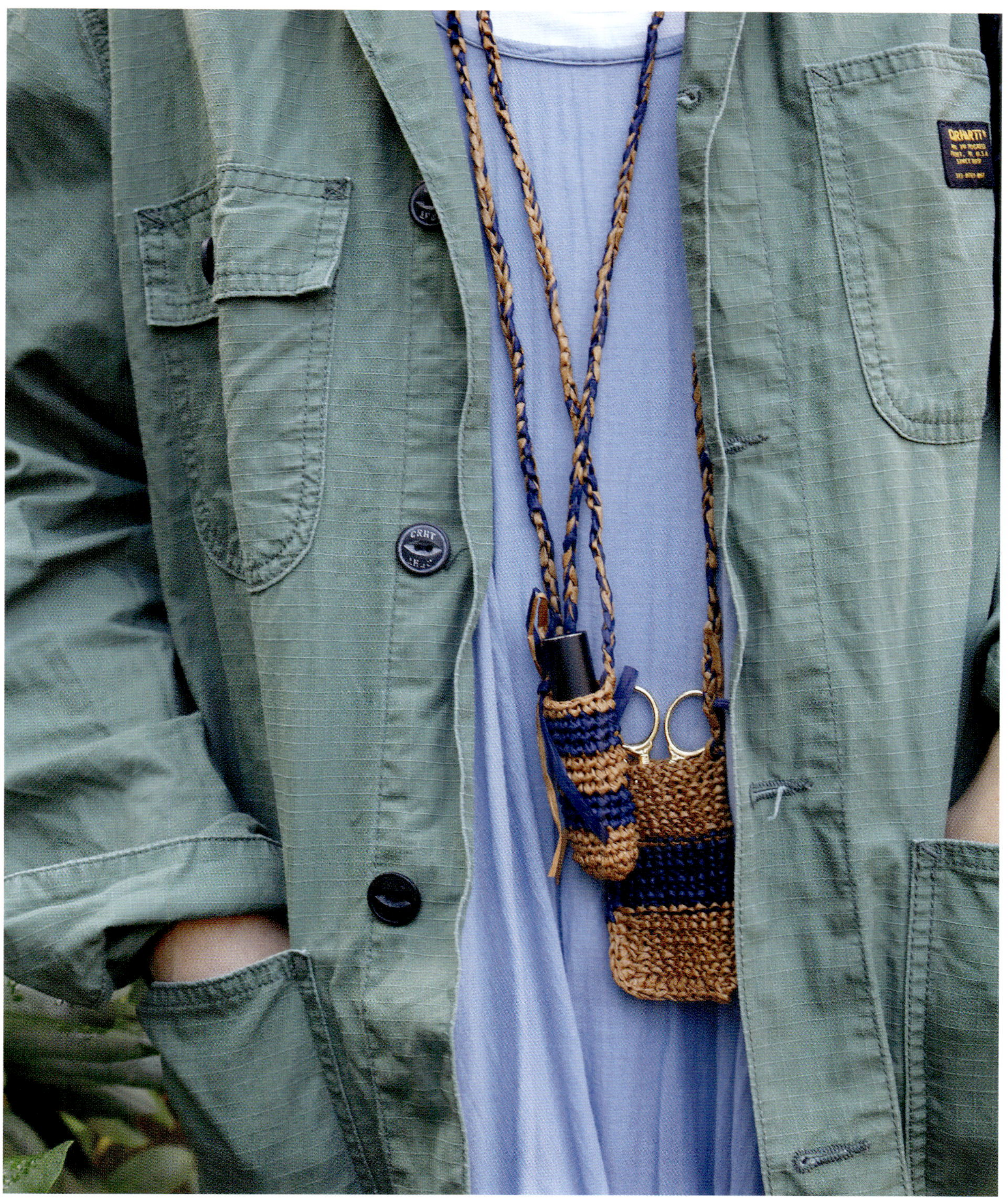

Für die **kleine Body-Bag** 19 Maschen in Blau mit Nadelstärke 2,5 mm anschlagen und in folgender Streifenfolge glatt rechts in Hin- und Rückreihen arbeiten, dabei mit je 1 Randmasche beginnen und enden: 7 Reihen in Blau, 5 Reihen in Nougat, 5 Reihen in Blau, 4 Reihen in Nougat, 4 Reihen in Blau, dann alle Maschen in Blau abketten.

Das Rechtecke links auf links längs zur Hälfte legen, sodass die beiden seitlichen Strickränder aufeinanderliegen. Mithilfe der stumpfen Sticknadel und einem Faden in Blau die Seitennaht schließen, das Täschchen verstürzen und die untere Kante schließen. Die obere Kante mit Nougat ringsum mit festen Maschen umhäkeln.

Für den Henkel an einer Seite mit dem Faden in Nougat neu anschlingen eine Luftmaschenkette von ca. 50 cm häkeln, an der anderen Seite mit dem Faden in Blau neu anschlingen und ebenfalls eine Luftmaschenkette von ca. 50 cm Länge häkeln. Beide Henkelenden verknoten und die Fadenenden ca. 3 cm lang stehenlassen.

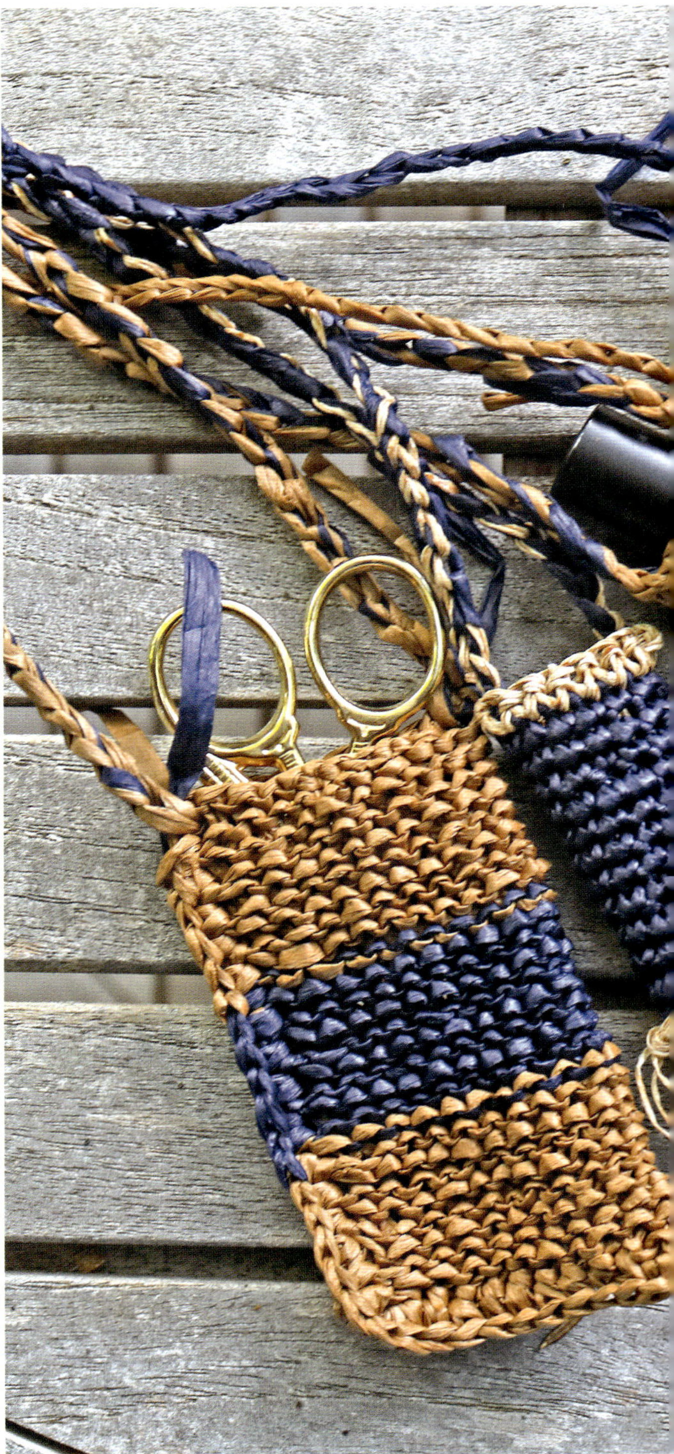

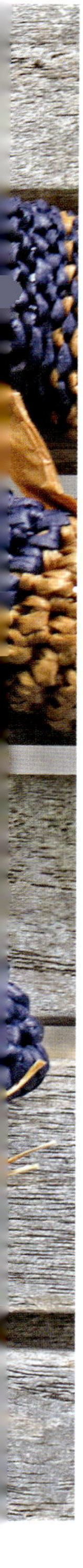

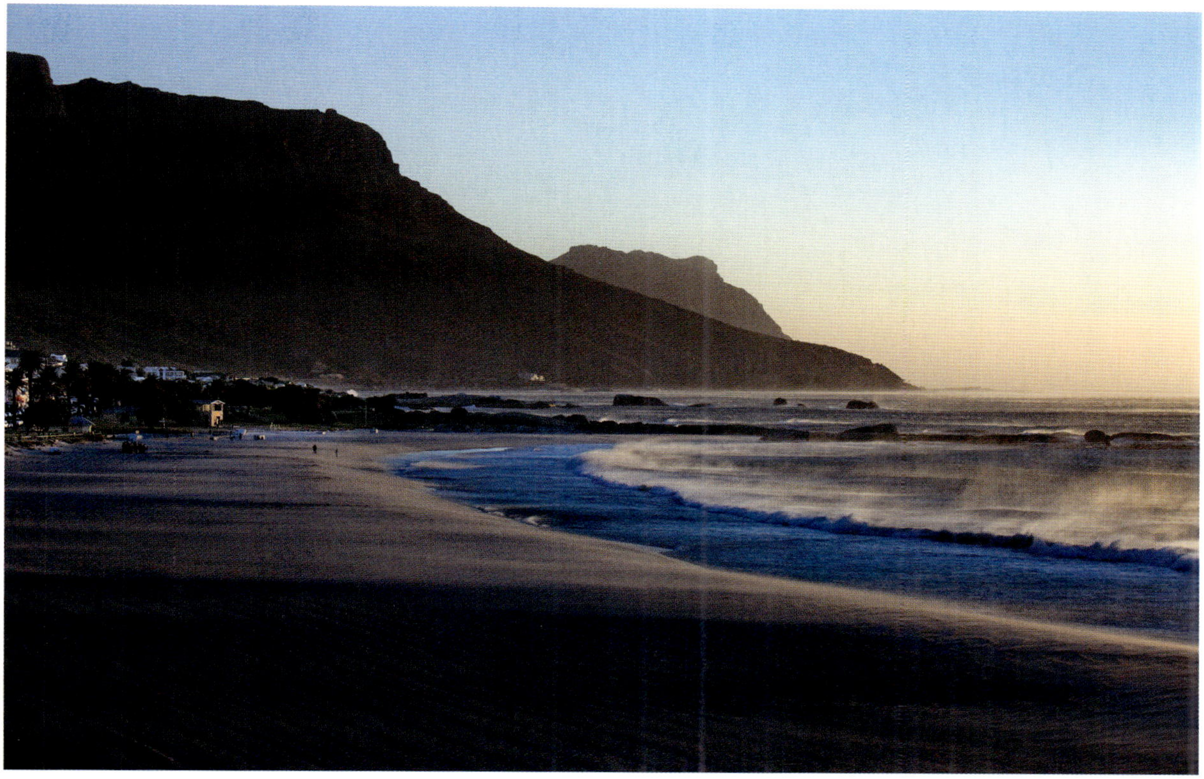

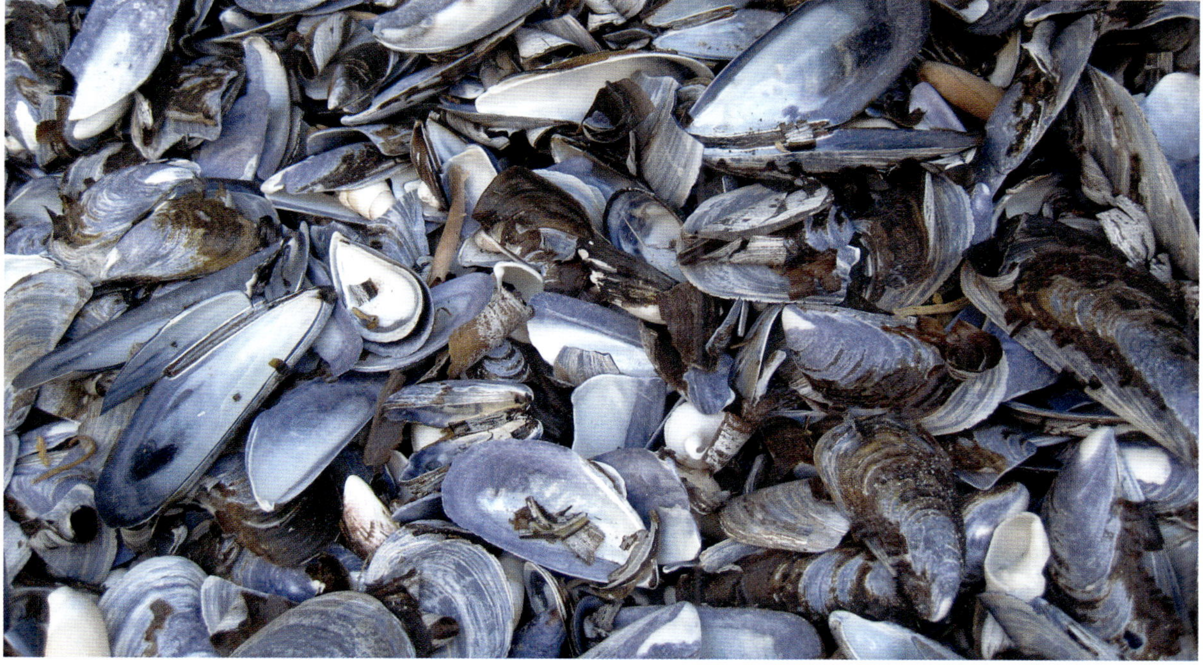

Gehäkelte Body-Bags

Ein idealer Resteverwerter

GRÖßE

Klein: 6 cm hoch und 3 cm breit (ohne Henkel)
Groß: 8 cm hoch und 6 cm breit (ohne Henkel)

MATERIAL

Natural Club Raffia aus 100 % abbaubarer Holzfaser (ca. 75 m/35 g): jeweils Reste in Blau (Fb 37203) und in Nougat (Fb 37209); ein Rest Robiki Paper Yarn aus 100 % Papierfaser (ca. 75 m/30 g)

NADELN UND UTENSILIEN

- Häkelnadel in 2,5 mm und 4 mm
- Sticknadel ohne Spitze

DAMIT DIE GRÖSSE STIMMT

20 feste Maschen nebeneinander sind in diesem Modell etwa 10 cm breit, 24 Reihen feste Maschen übereinander etwa 10 cm hoch.
Wer fester häkelt, arbeitet besser mit einer etwas dickeren Nadel. Wer lockerer häkelt, sollte eine etwas dünnere Nadel nehmen. Nur so fallen die Body-Bags in der angegebenen Größe aus, bleiben formstabil und weich.

SO WIRD'S GEMACHT

Für die **gestreifte Body-Bag** 5 Maschen in Nougat mit Nadelstärke 2,5 mm anschlagen und mit 1 Kettmasche zur Runde schließen. Dann feste Maschen in Spiralrunden mit folgenden Zunahmen arbeiten:
1. Runde: 10 feste Maschen in den Ring häkeln = 10 Maschen.
2. Runde: Jede 3. Masche verdoppeln = 13 Maschen.
3. Runde: Jede 3. Masche verdoppeln = 17 Maschen.
Nun über alle 17 Maschen ohne weitere Zunahmen in Spiralrunden weiterarbeiten: Noch 2 weitere Runden in Nougat, dann 3 Runden in Blau, 3 Runden in Nougat, 3 Runden in Blau und 1 letzte Runde in Nougat. Den Faden nicht abschneiden, sondern den Faden in Blau dazunehmen und aus beiden Farben zusammengenommen mit der dickeren Häkelnadel eine Luftmaschen-Kette von ca. 100 cm häkeln und am anderen Täschchen-Ende mit 1 Kettmasche verbinden. Beide Fäden ca. 15 cm lang abschneiden und zu einer Schlaufe knoten.

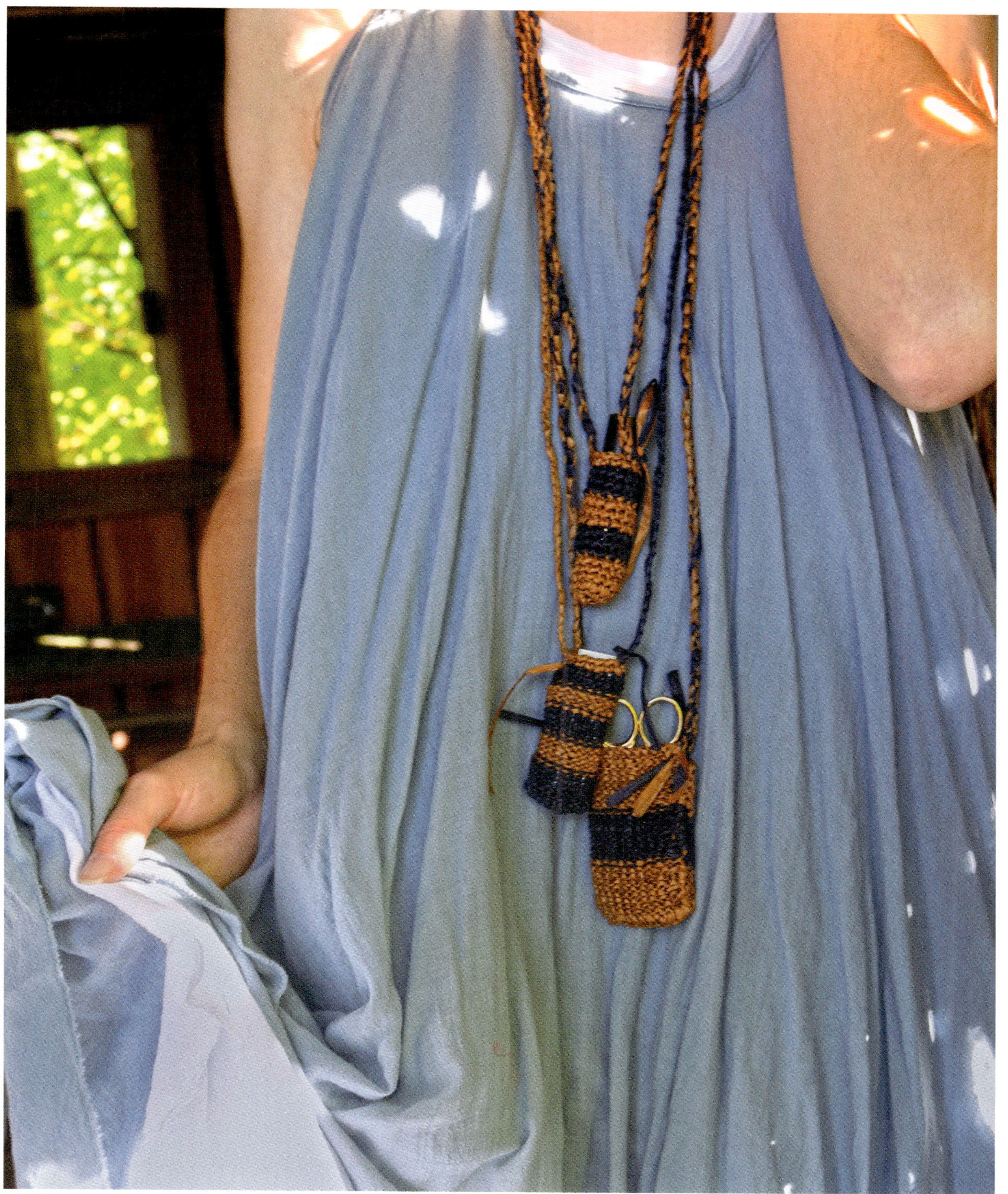

Die **einfarbige Body-Bag** ebenso, nur einfarbig in Blau häkeln. Bevor der Henkel gearbeitet wird, eine Abschlussrunde feste Maschen in dem Robiki Paper Yarn häkeln, dann aus beiden Garnen zusammengenommen mit der dickeren Häkelnadel einen Henkel aus einer Luftmaschen-Kette von ca. 105 cm Länge häkeln und an der anderen Seite des Täschchens befestigen. Aus dem Robiki Paper Yarn 3 Fäden von ca. 10 cm Länge zuschneiden, als Dekoelement in eine Masche des Täschchens einknoten und auf die gewünschte Länge zurückschneiden.

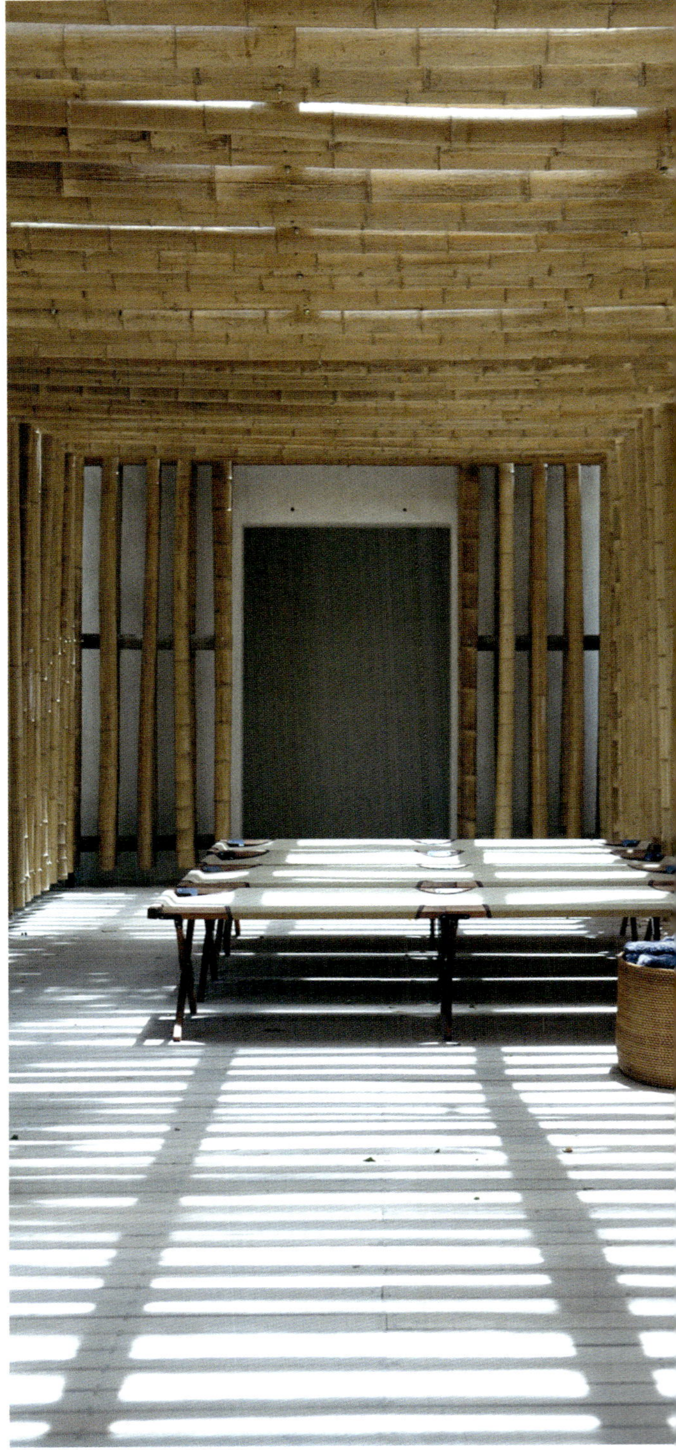

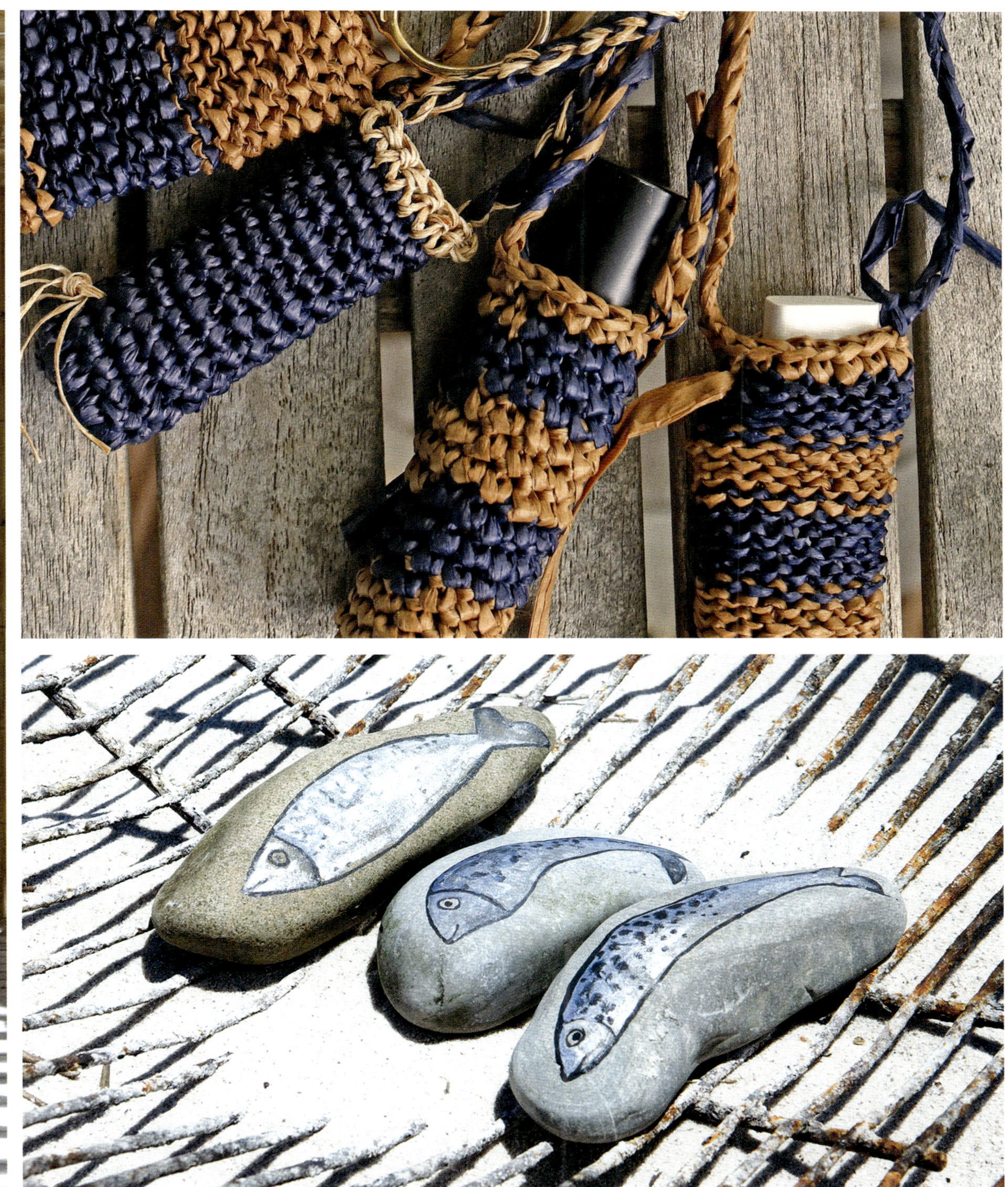

Schriftapplikation

Upcycling-Idee für Stoff- oder Garntaschen

GRÖẞE

Individuell anpassbar

MATERIAL

Bastreste, hier Natural Club Raffia aus 100 % abbaubarer Holzfaser (ca. 75 m/35 g): ein Rest in Nougat (Fb 37209); für die Pompons: ein Rest Lana Grossa Cool Wool Big in Gelborange (Fb 974) und Elastico in Azalee (Fb 155)

NADELN UND UTENSILIEN

- Nähnadel mit Spitze
- Farblich zum verwendeten Bast passendes Nähgarn
- Büroklammer oder Foldback-Klammer
- Häkelnadel in 4 mm
- Gegebenenfalls Sticknadel ohne Spitze und Ahle
- Pomponset in unterschiedlichen Größen oder jeweils 2 Ringe aus Pappe

IDEE

Werfen Sie Bastreste nicht weg! Einfache Stoff- oder Garntaschen lassen sich damit schön aufwerten und individuell gestalten. Dazu muss nichts besonders beachtet werden. Lassen Sie ihrer Fantasie und Ihren Vorlieben freien Lauf!

SO WIRD'S GEMACHT

3 Streifen Bast von ca. 1,5–2 m Länge zuschneiden, zusammenlegen, an einem Ende verknoten, sodass die Enden noch ca. 2 cm überstehen, und die 3 Streifen möglichst fest zu einem Zopf flechten. Mit dem verknoteten Ende als Wortanfang den gewünschten Namen oder Schriftzug legen. Abwechselnd die Buchstaben Stück für Stück legen, mit Nähgarn auf dem Untergrund festnähen und an dem Bast-Zopf weiterflechten. Damit sich der Zopf beim Nähen zwischendurch nicht löst, die Ansatzstelle mit einer Wäsche- oder Foldback-Klammer sichern.
Am Wortende die 3 Baststreifen wieder verknoten und die Enden ca. 2 cm überstehen lassen. I-Punkte mit 1 Bastfaden aufsticken.

Mit dem Bast die obere Kante der Tasche mit festen Maschen umhäkeln. Wenn wie im gezeigten Modell die fertige Tasche Häkel- oder Strickmaschenstruktur aufweist, einfach dort hineinarbeiten. Ansonsten mit einer Ahle in geeignetem Abstand Löcher vorstechen, in die mit der Häkelnadel eingestochen wird.
Aus dem Wollgarn mehrere kleine Pompons herstellen und am Rand eines Henkels mit farblich kontrastierendem Baumwollgarn anknoten, im abgebildeten Modell sind es 2 Pompons mit je 3 cm Durchmesser und 3 Pompons mit je 2 cm Durchmesser.
Die Garnenden in unterschiedlichen Längen überstehen lassen. Besonders reizvoll ist es, wenn das Garn nicht nur in der Farbe, sondern auch im Material kontrastiert.

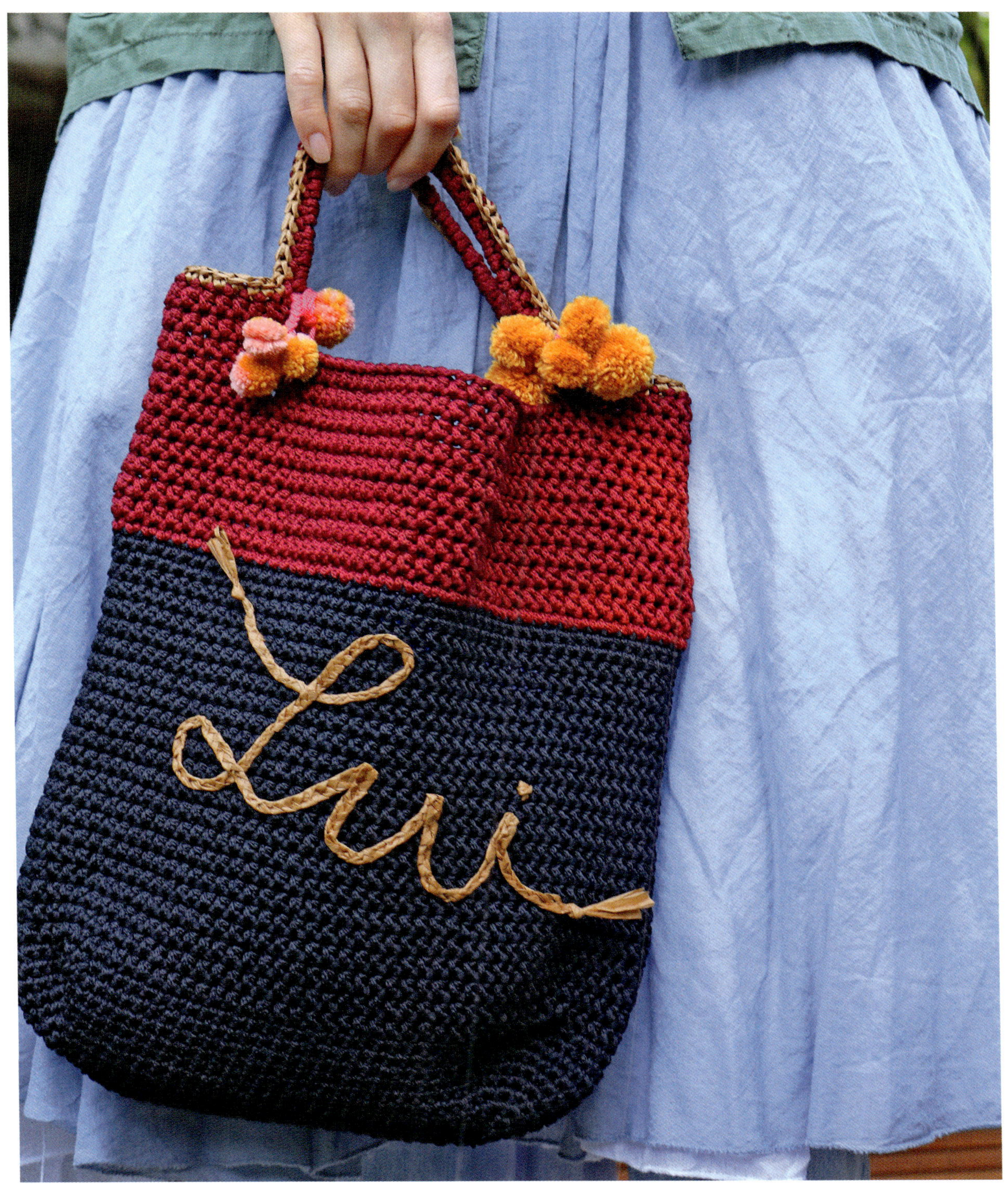
Lui

Umhäkelter Haarreif

Aus alt mach neu: Ein schlichter Haarreif in neuem Look

GRÖẞE

42 cm lang und ca. 5 cm breit

MATERIAL

Natural Club Raffia aus 100 % abbaubarer Holzfaser (ca. 75 m/35 g): jeweils Reste in Blau (Fb 37203) und in Nougat (Fb 37209), ein Rest Robiki Paper Yarn aus 100 % Papierfaser (ca. 75 m/30 g)

NADELN UND UTENSILIEN

- Häkelnadel in 3,0 mm
- Sticknadel ohne Spitze
- Schlichter Haarreif aus dem Drogeriemarkt

DAMIT DIE GRÖSSE STIMMT

16 feste Maschen nebeneinander sind in diesem Modell etwa 10 cm breit, 15 Reihen feste Maschen übereinander etwa 10 cm hoch.
Wer fester häkelt, arbeitet besser mit einer etwas dickeren Nadel. Wer lockerer häkelt, sollte eine etwas dünnere Nadel nehmen. Nur so fällt der Haarreifen in der angegebenen Größe aus, bleibt formstabil und lässt sich angenehm tragen.

SO WIRD'S GEMACHT

15 Luftmaschen und 1 Wende-Luftmasche in Nougat anschlagen und insgesamt 56 Reihen feste Maschen in der folgenden Farbfolge häkeln, dabei jeweils mit 1 Wende-Luftmasche in die nächste Reihe aufsteigen:
9 Reihen in Nougat,
je 2 Reihen in Blau und Nougat,
je 3 Reihen in Blau und Nougat,
je 4 Reihen in Blau und Nougat,
je 5 Reihen in Blau und Nougat,
3 Reihen in Blau,
16 Reihen in Nougat.

Das Rechteck links auf links längs zur Hälfte legen und mit der stumpfen Sticknadel und einem Faden in Blau alle 3 offenen Seiten schließen, dabei vor dem Schließen der letzten Maschen den Haarreifen einschieben.

Alle Fadenenden innerhalb der Naht vernähen.

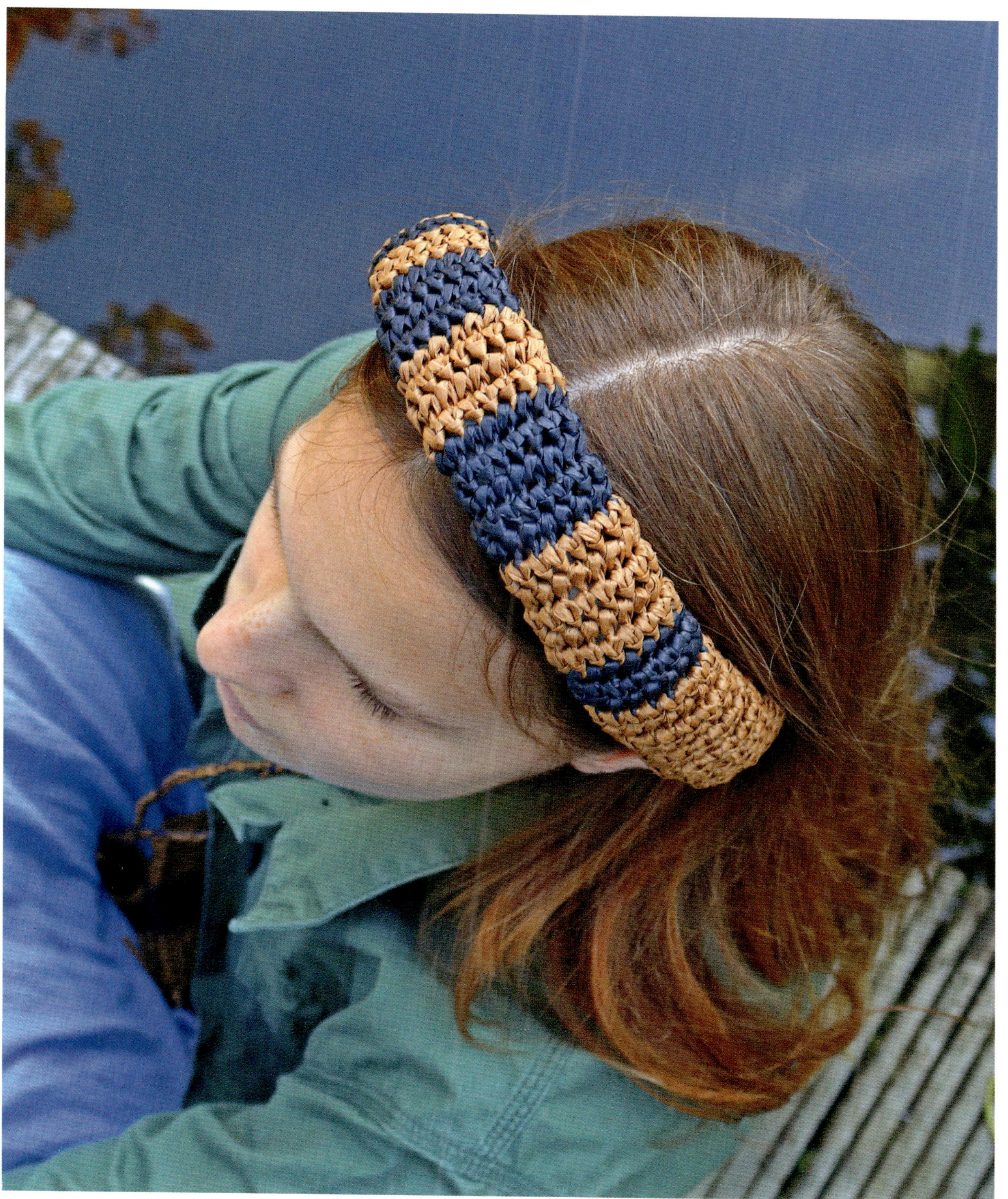

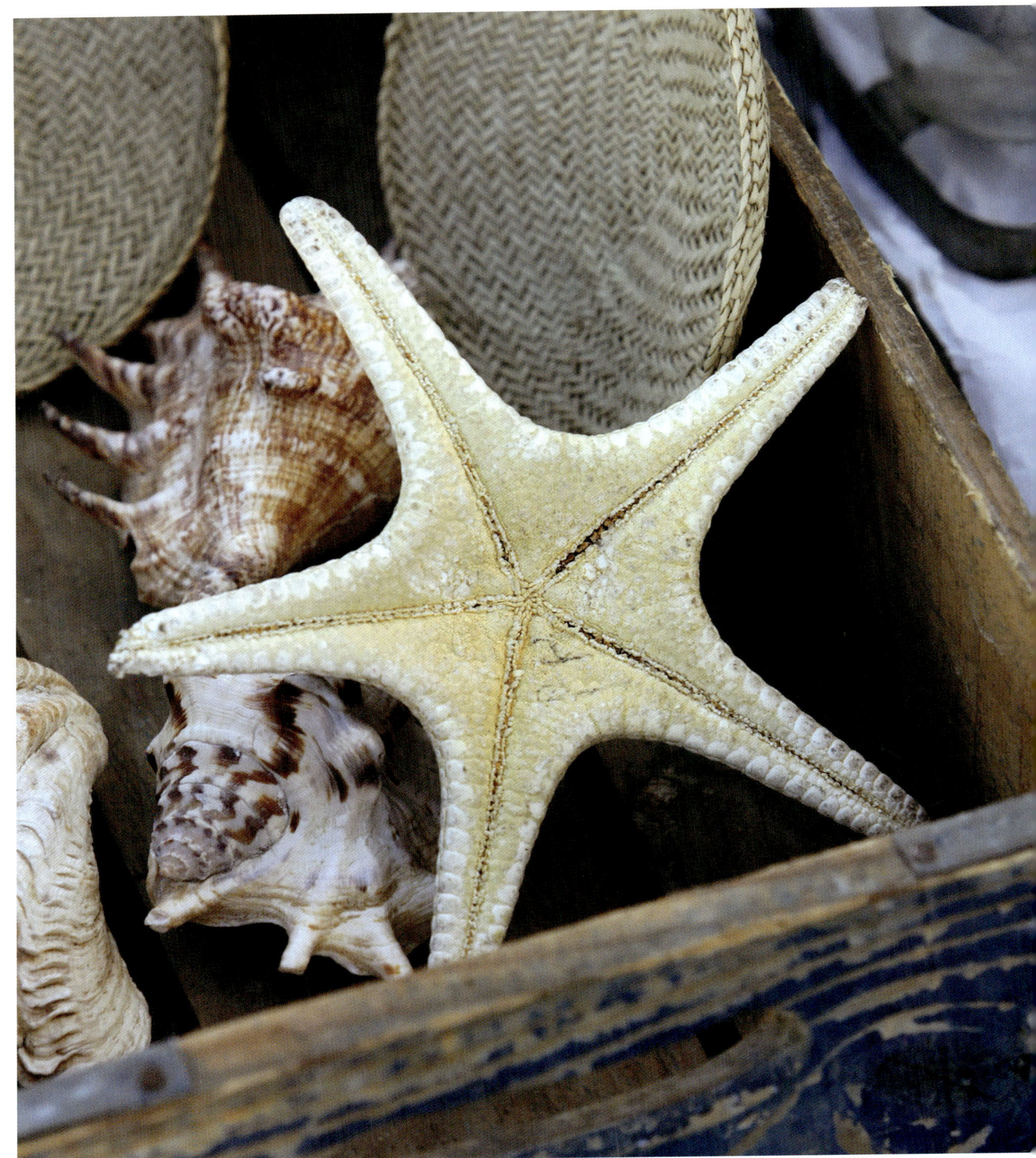

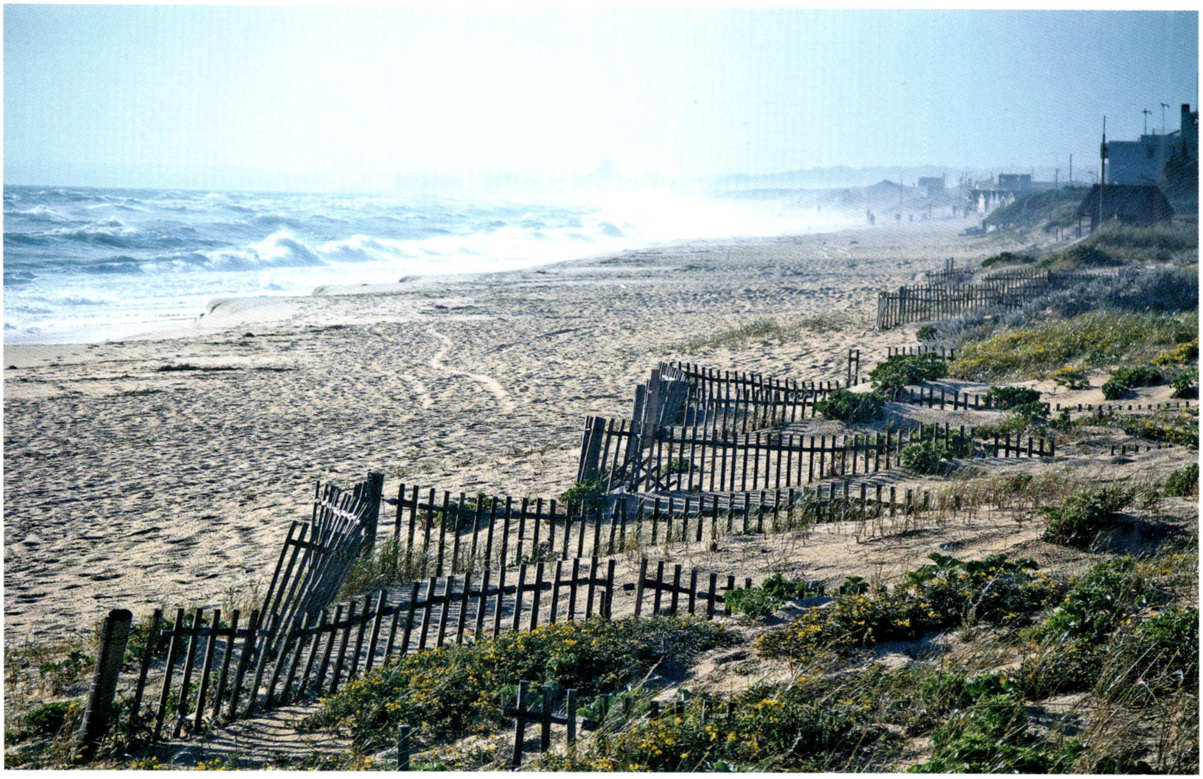

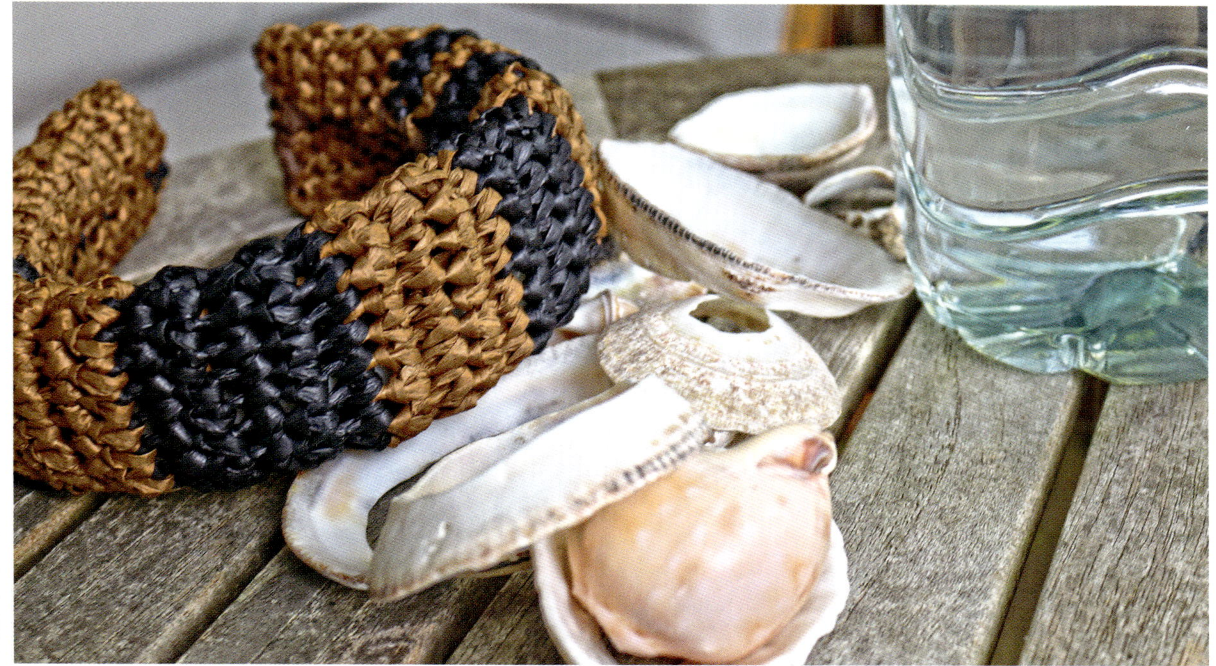

Gehäkeltes Körbchen-Set

Stillleben für Schmuck, Büroklammern oder kleine Knabbereien

GRÖßE

Klein: 11 cm Durchmesser und 5 cm hoch

Mittel: 15 cm Durchmesser und 3 cm hoch

Groß: 16 cm Durchmesser und 4 cm hoch

MATERIAL

Natural Club Raffia aus 100 % abbaubarer Holzfaser (ca. 75 m/35 g): für das große und das mittlere Körbchen jeweils 35 g in Blau (Fb 37203); für das kleine Körbchen 35 g in Nougat (Fb 37209); nur für das mittlere und das kleine Körbchen zusätzlich noch einen Rest Robiki Paper Yarn aus 100 % Papierfaser (ca. 75 m/30 g)

NADELN UND UTENSILIEN

- Häkelnadel 3,5 mm
- Sticknadel ohne Spitze

DAMIT DIE GRÖSSE STIMMT

16 feste Masche nebeneinander sind in diesem Modell etwa 10 cm breit, 16 Reihen/Runden feste Maschen übereinander etwa 10 cm hoch.

Wer fester häkelt, häkelt besser mit einer etwas dickeren Nadel. Wer lockerer häkelt, sollte eine etwas dünnere Nadel nehmen. Nur so fallen die Körbchen in der angegebenen Größe aus, bleiben formstabil, haben Standfestigkeit und sind immer noch schön weich.

SO WIRD'S GEMACHT

Den **Boden** für das große Körbchen in Blau, für das mittlere Körbchen mit je 1 Faden in Blau und 1 Faden des Robiki Paper Yarns und für das kleine Körbchen in Nougat arbeiten:

Für alle Körbchen in der jeweils angegebenen Farbe 6 Luftmaschen anschlagen und mit 1 Kettmasche zur Runde schließen.

1. Runde: 11 feste Maschen in den Ring häkeln.

Alle folgenden Runden jeweils mit 1 Steige-Luftmasche beginnen, feste Maschen mit den beschriebenen Zunahmen häkeln und mit 1 Kettmasche in die 1. Luftmasche zur Runde schließen.

2. Runde: Jede 2. Masche verdoppeln (= 2 feste Maschen in 1 Masche der vorigen Runde häkeln).

3. Runde: Jede 3. Masche verdoppeln.

Auf diese Weise fortfahren (**TIPP:** Die Rundenzahl gibt jeweils an, welche Masche verdoppelt wird), bis der gewünschte Durchmesser des Körbchens erreicht ist: für das große Körbchen 16 cm, für das mittlere Körbchen 15 cm und für das kleine Körbchen 11 cm.

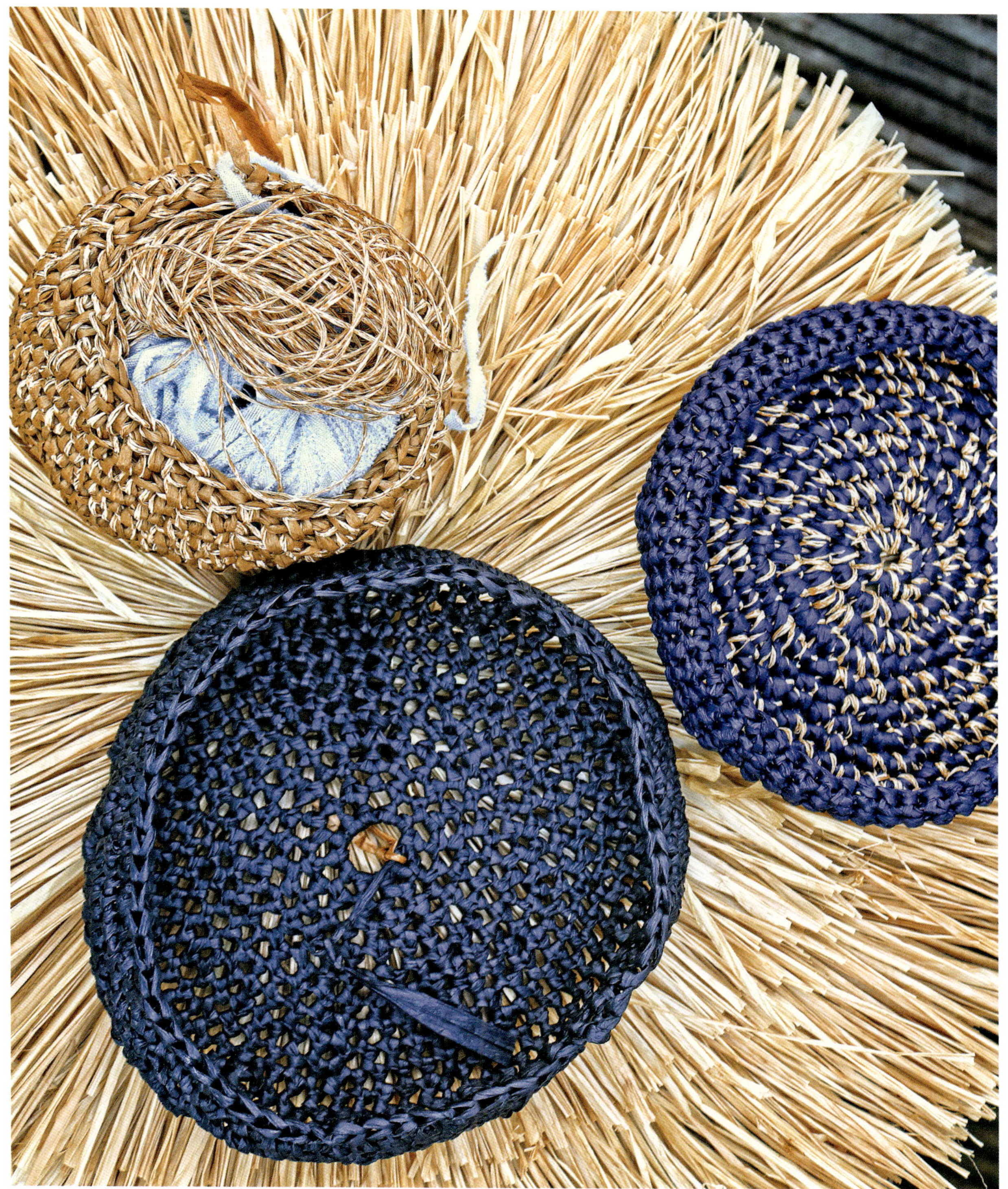

Für die **Seiten** wie bisher weiterhin feste Maschen in geschlossen Runden arbeiten, jedoch ohne weitere Zunahmen, bis die gewünschte Höhe erreicht ist: Für das große Körbchen weiter einfädig in Blau 5 Runden, für das mittlere Körbchen einfädig in Blau 4 Runden und für das kleine Körbchen 2-fädig mit je 1 Faden in Nougat und 1 Faden des Robiki Paper Yarns 8 Runden feste Maschen häkeln.

TIPP: Für einen engeren Eingriff und eine rundere Form wurde beim kleinen Körbchen in der vorletzten Runde die Maschenzahl reduziert, indem nur in jede 2. Masche der vorigen Runde je 1 feste Masche gehäkelt wurde, in der letzten Runde dann jeweils 1 feste Masche zwischen 2 Maschen der vorigen Runde.

Zum Schluss alle Fäden mithilfe der stumpfen Sticknadel auf der Innenseite vernähen.

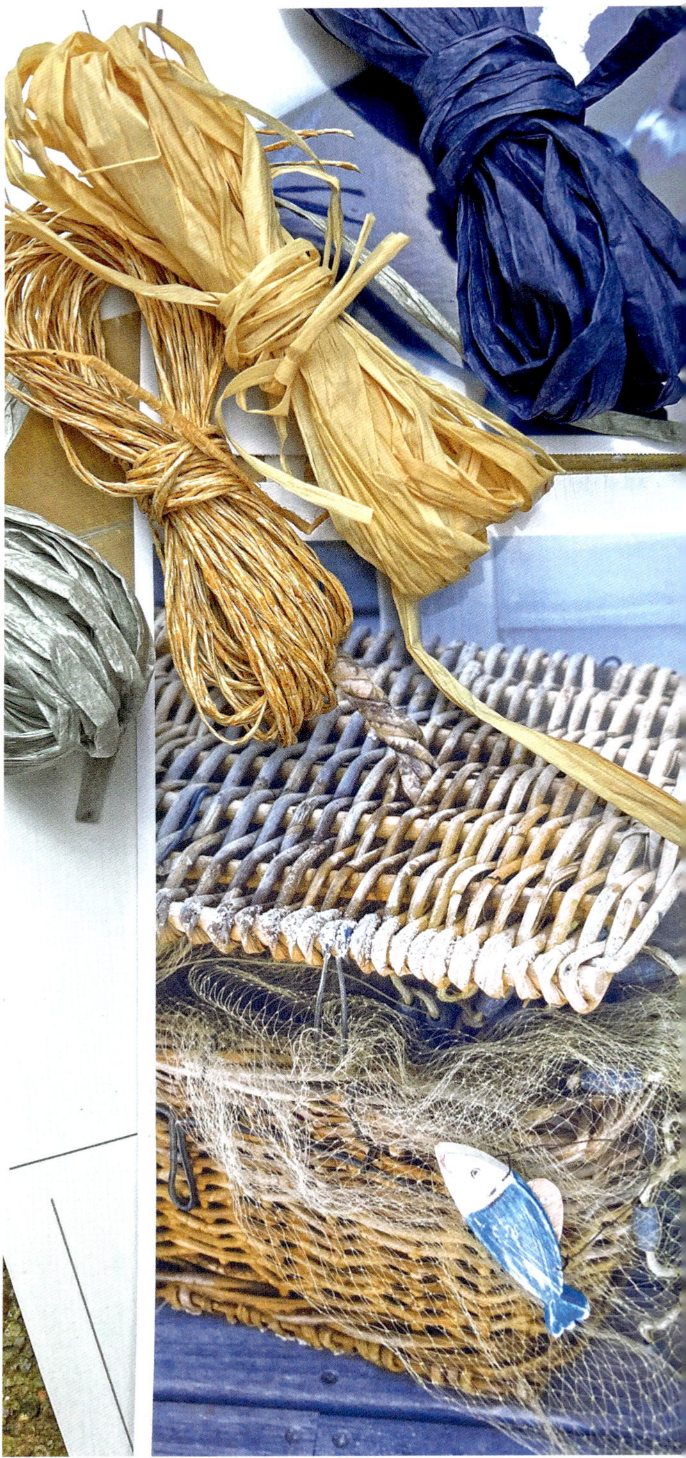

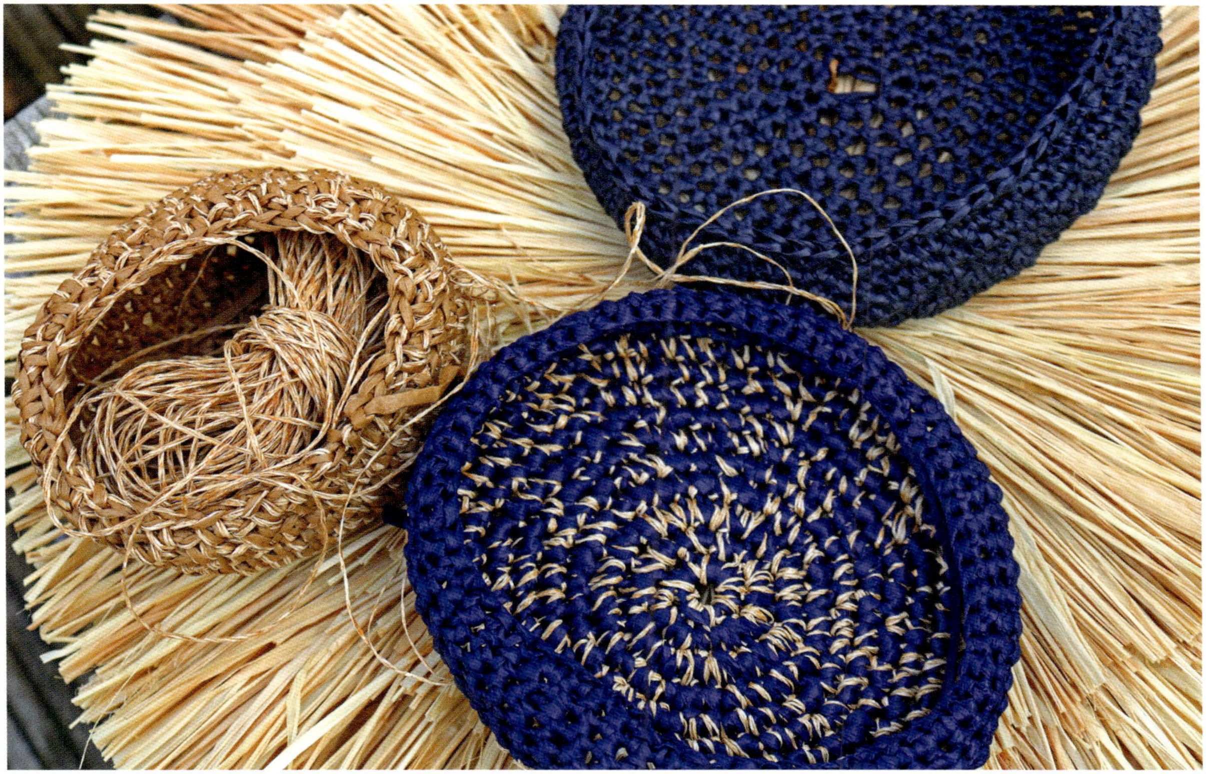

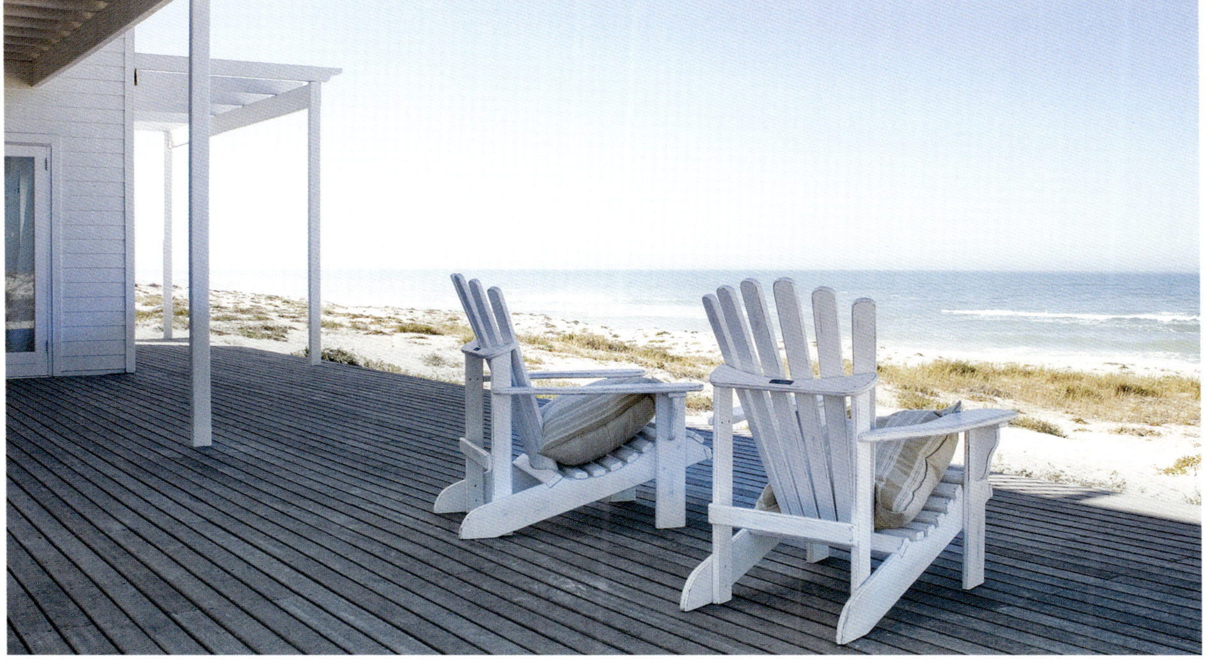

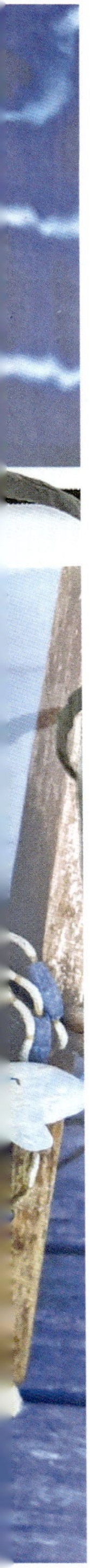

Bestickte Stoffschuhe

Upcycling-Idee für schlichte Stoff-Espadrilles

GRÖßE

Nach Belieben anpassbar

MATERIAL

Natural Club Raffia aus 100 % abbaubarer Holzfaser (ca. 75 m/35 g): ein Rest in Blau (Fb 37203)

NADEL UND UTENSILIEN

- Selbstlöschender Trickmarker
- Stickgarn
- Sticknadel mit Spitze
- Ein Paar einfache Stoff-Espadrilles

IDEE

Bast-Initialen auf einfachen Stoff-Espadrilles machen diese nicht nur zu einigartigen Unikaten, sondern zaubern sofort Urlaubs-Feeling!

SO WIRD'S GEMACHT

Auf die zu bestickenden Stoffschuhe mit einem selbstlöschenden Trickmarker Initialen oder kleine Ornamente aufzeichnen. Diese zunächst mit dem Stickgarn mit langen Rückstichen vorsticken.
Die Vorstiche können auf einem Schuh als Kontrast zum zweiten Schuh dienen. Sie verleihen dem mit Bast umstickten Buchstaben aber auch mehr Kontur, weil präziser eingestochen werden kann.

Dann mit dem Bastfaden die Konturen im Plattstich umsticken.

Alle Fadenenden sorgfältig auf der Innenseite vernähen.

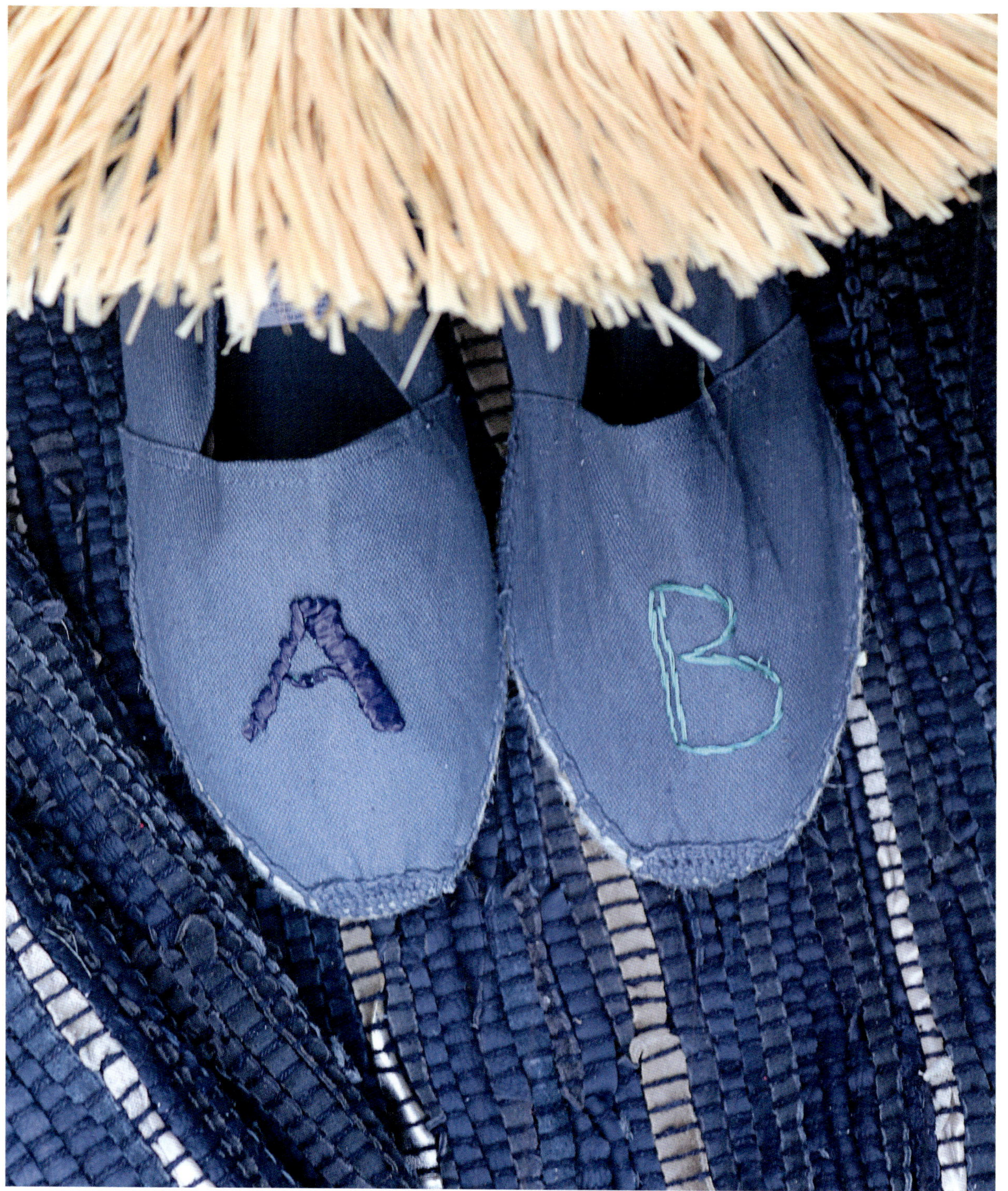
A
B

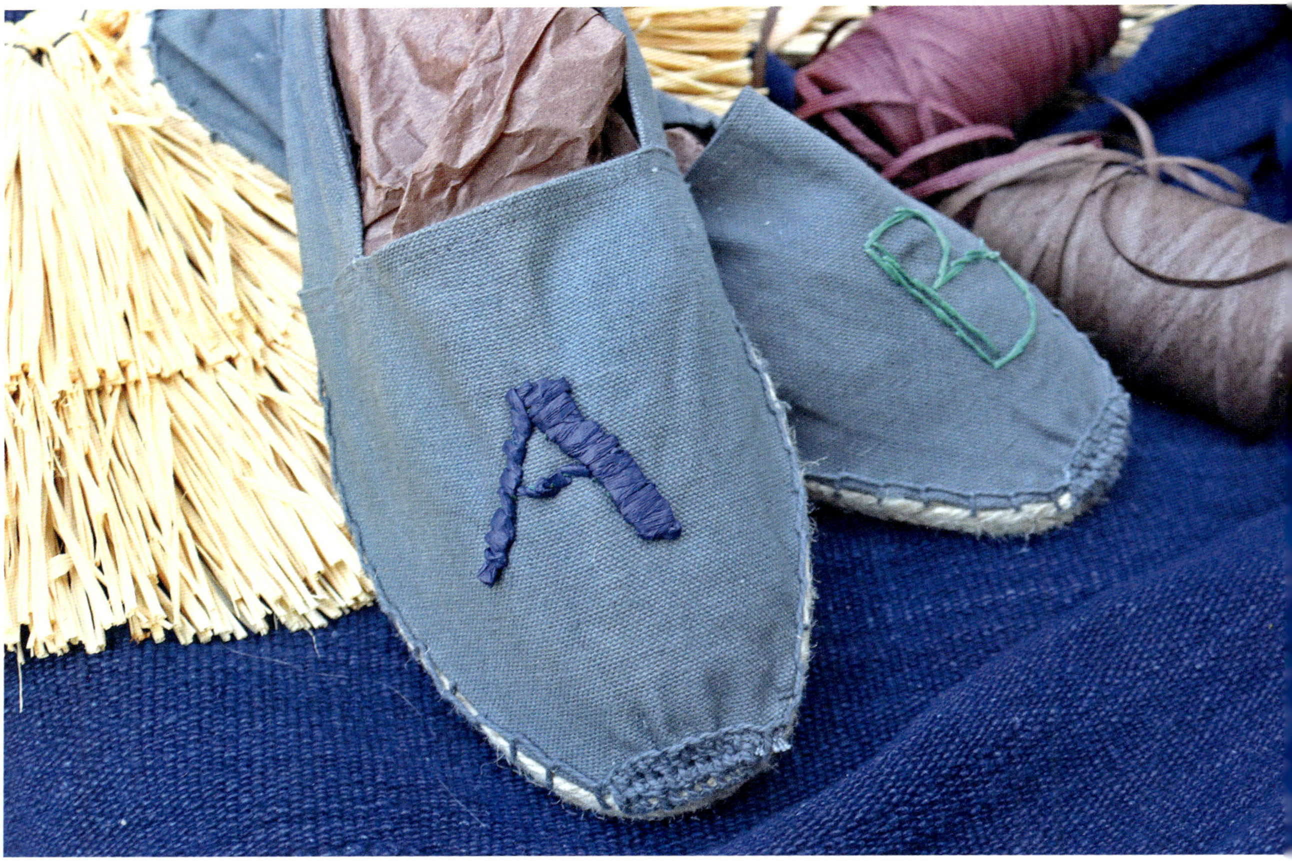

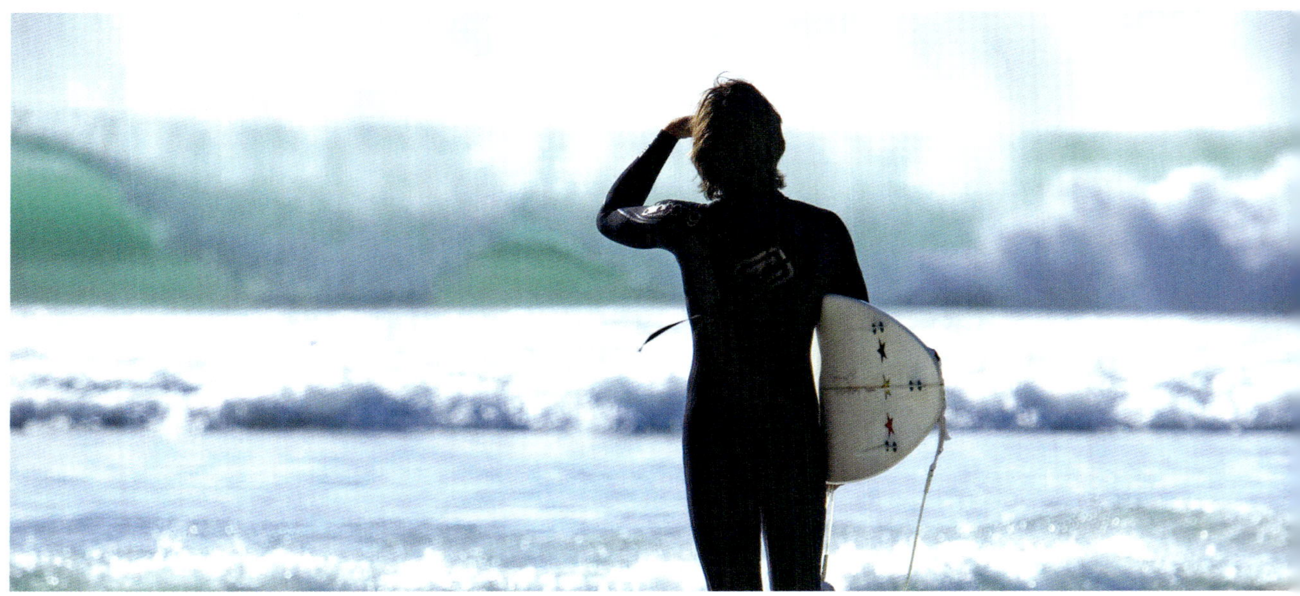

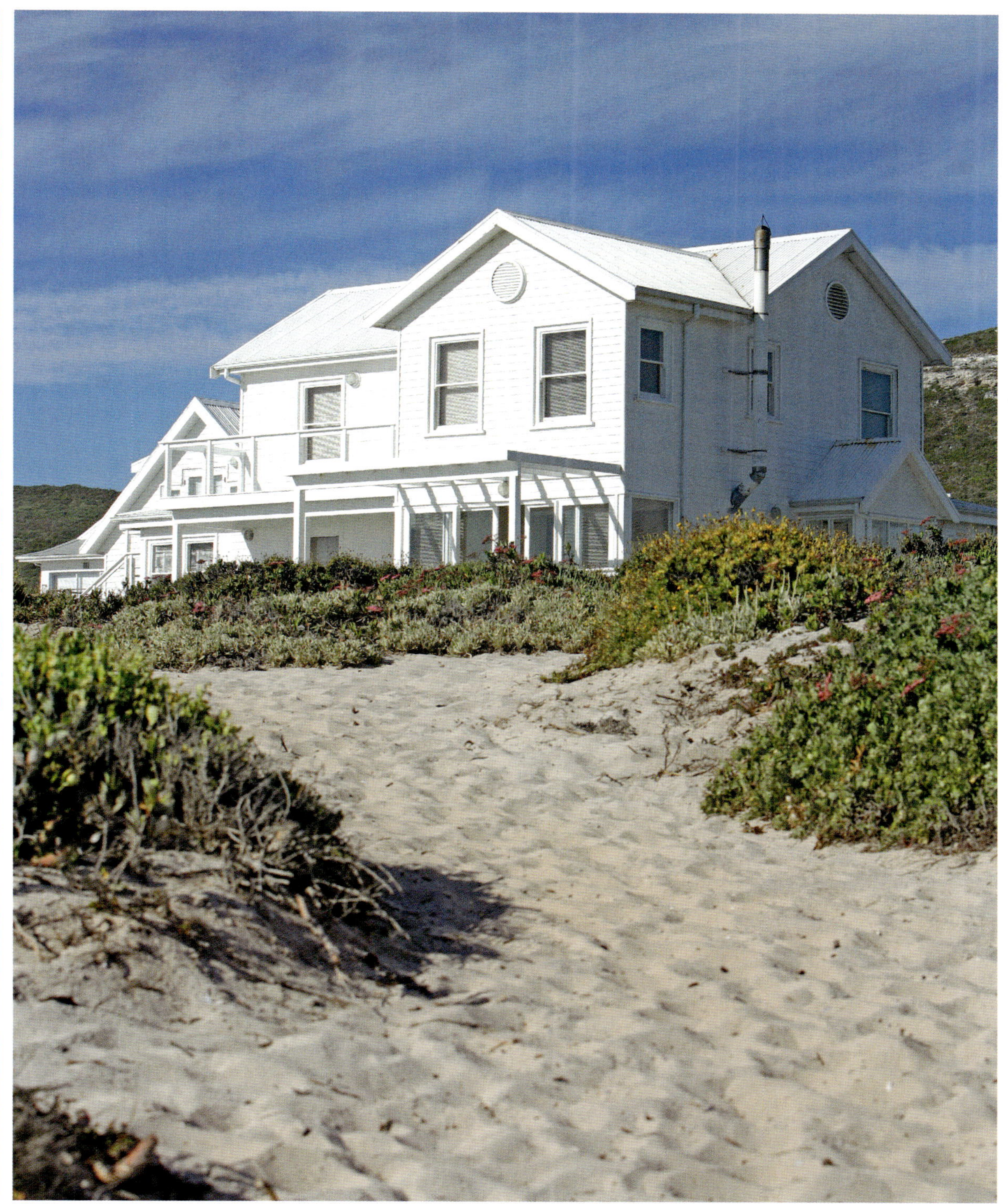

Chandelier-Ohrringe

Urlaubsfeeling mit Ethno-Ohrringen

GRÖẞE

9 cm lang und 9 cm breit, einschließlich Perlchen und Haken

MATERIAL

Natural Club Raffia aus 100 % abbaubarer Holzfaser (ca. 75 m/35 g): jeweils Reste in Blau (Fb 37203) und in Nougat (Fb 37209)

NADELN UND UTENSILIEN

- Häkelnadel in 3,0 mm
- Sticknadel ohne Spitze
- 2 Ohrring-Häkchen von Rayher
- 6 Holzperlen, 5 mm Durchmesser
- Feste Baumwollschnur

DAMIT DIE GRÖSSE STIMMT

16 feste Maschen nebeneinander sind in diesem Modell etwa 10 cm breit, 15 Reihen feste Maschen übereinander etwa 10 cm hoch.
Wer fester häkelt, arbeitet besser mit einer etwas dickeren Nadel. Wer lockerer häkelt, sollte eine etwas dünnere Nadel nehmen. Nur so fallen die Ohrringe in der angegebenen Größe aus.

SO WIRD'S GEMACHT

In Blau 5 Luftmaschen anschlagen und zur Runde schließen.
1. Runde: 1 Steige-Luftmasche, 9 feste Maschen in den Ring häkeln und mit 1 Kettmasche zur Runde schließen. Anschließend wie folgt in Reihen häkeln:
1. Reihe: 2 Steige-Luftmaschen, in dieselbe Masche der vorigen Runde noch 2 halbe Stäbchen arbeiten, in die folgenden 4 Maschen der vorigen Runde jeweils 3 halbe Stäbchen häkeln. In die nächste Masche 1 feste Masche, dabei die feste Masche bereits mit dem Bastgarn in Nougat abmaschen und wenden. Nun nur noch in Nougat weiterarbeiten.
2. Reihe: 1 Steige-Luftmasche, 16 feste Maschen häkeln, dabei stets nur in das hintere Maschenglied einstechen.
3. Reihe: 1 Steige-Luftmasche, * 1 Luftmasche, 1 Masche der vorigen Reihe überspringen, 1 feste Masche; ab * noch 7x wiederholen und die Arbeit beenden.

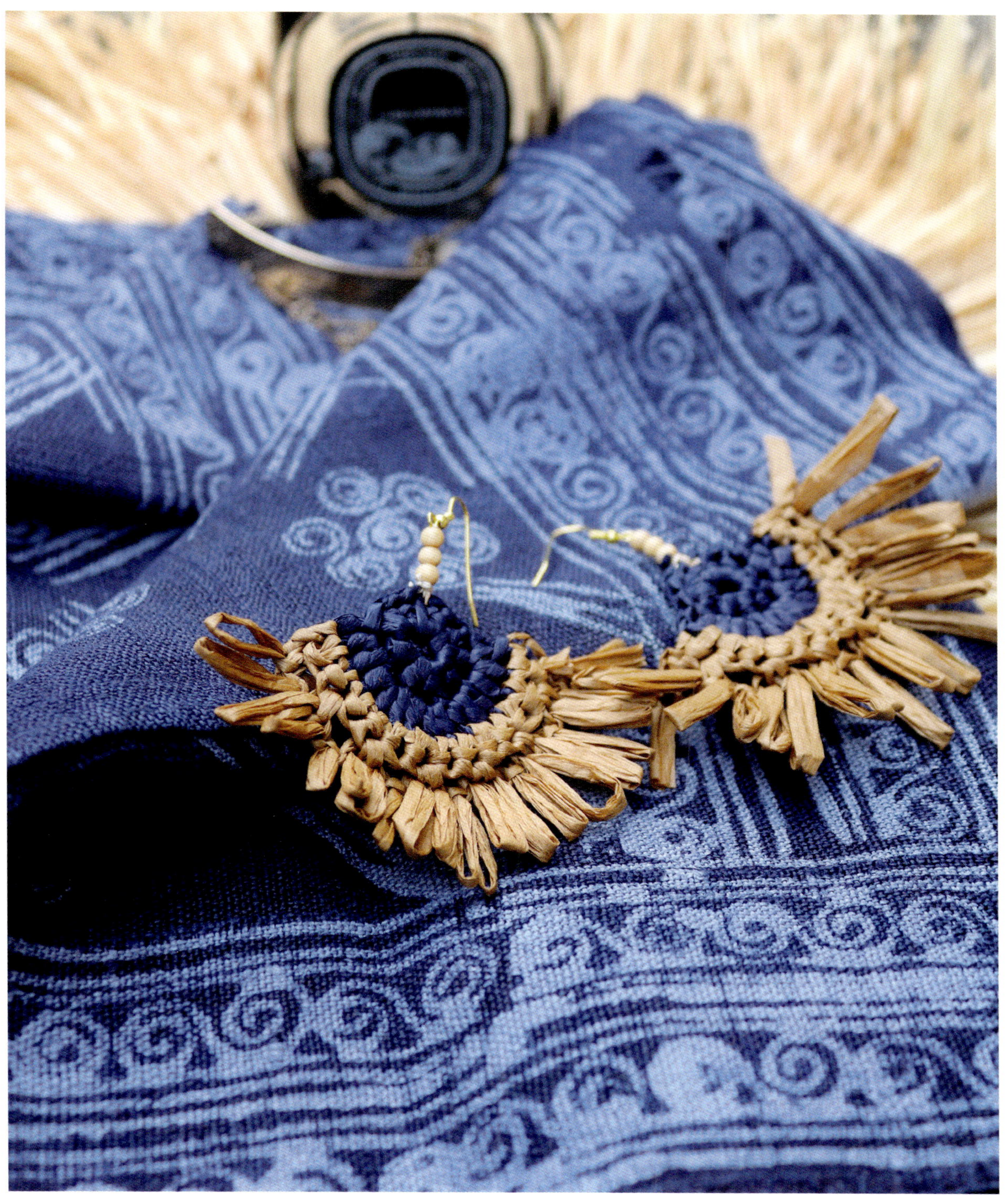

4. Reihe: Den Faden wie folgt neu anschlingen, das Ende dabei ca. 10 cm überstehen lassen: * In die nächste Masche einstechen, die Schlinge holen und so weit herausziehen, dass sie genau über den linken Zeigefinger passt, nicht abmaschen; ab * stets wiederholen. Dabei nicht in die Luftmaschenbögen, sondern abwechselnd in die festen Maschen und die Luftmaschen über den Bögen einstechen, damit die Schlingen genügend Stabilität erhalten und sich nicht aufziehen. Beide Fadenenden zum Schluss in etwa auf Länge der Schlingen abschneiden.

Die Baumwollschnur zunächst jeweils an einem Ohrring-Haken befestigen, jeweils durch 3 Holzperlen ziehen und am Ohrring anknoten.

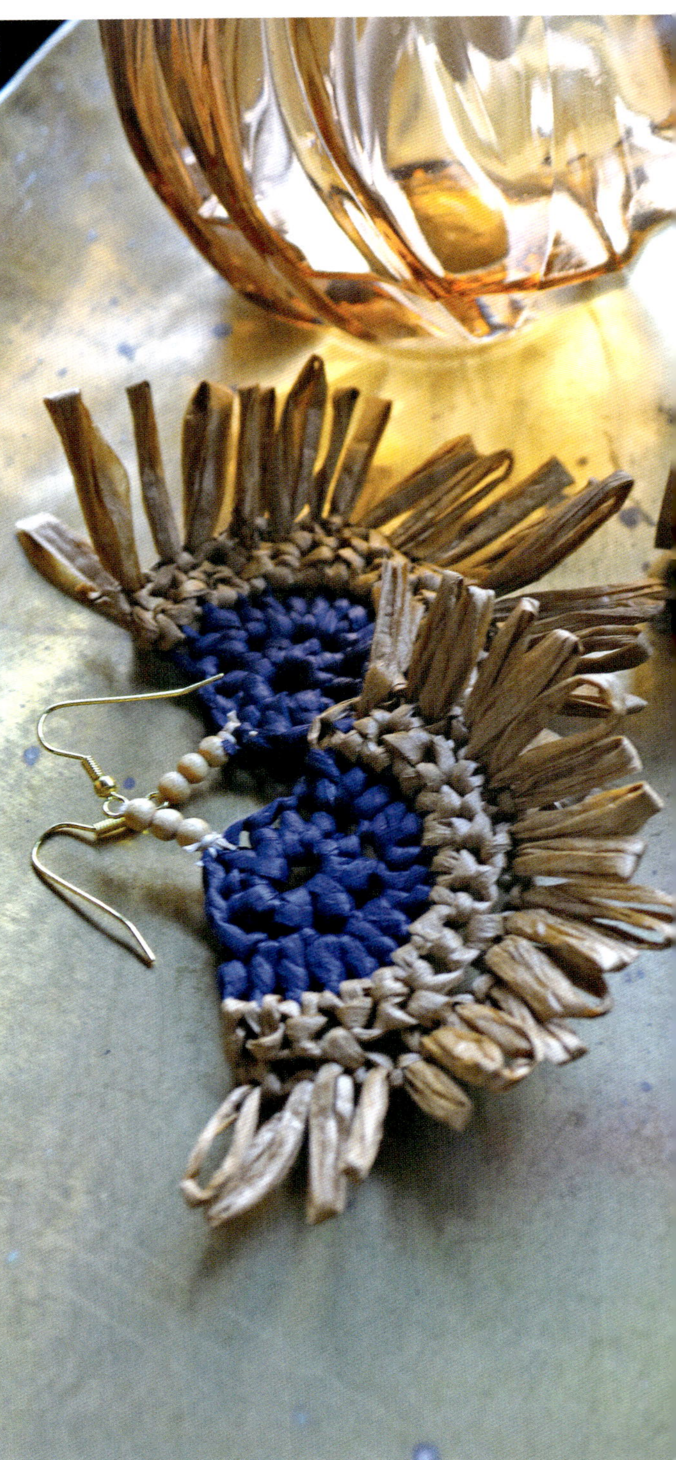

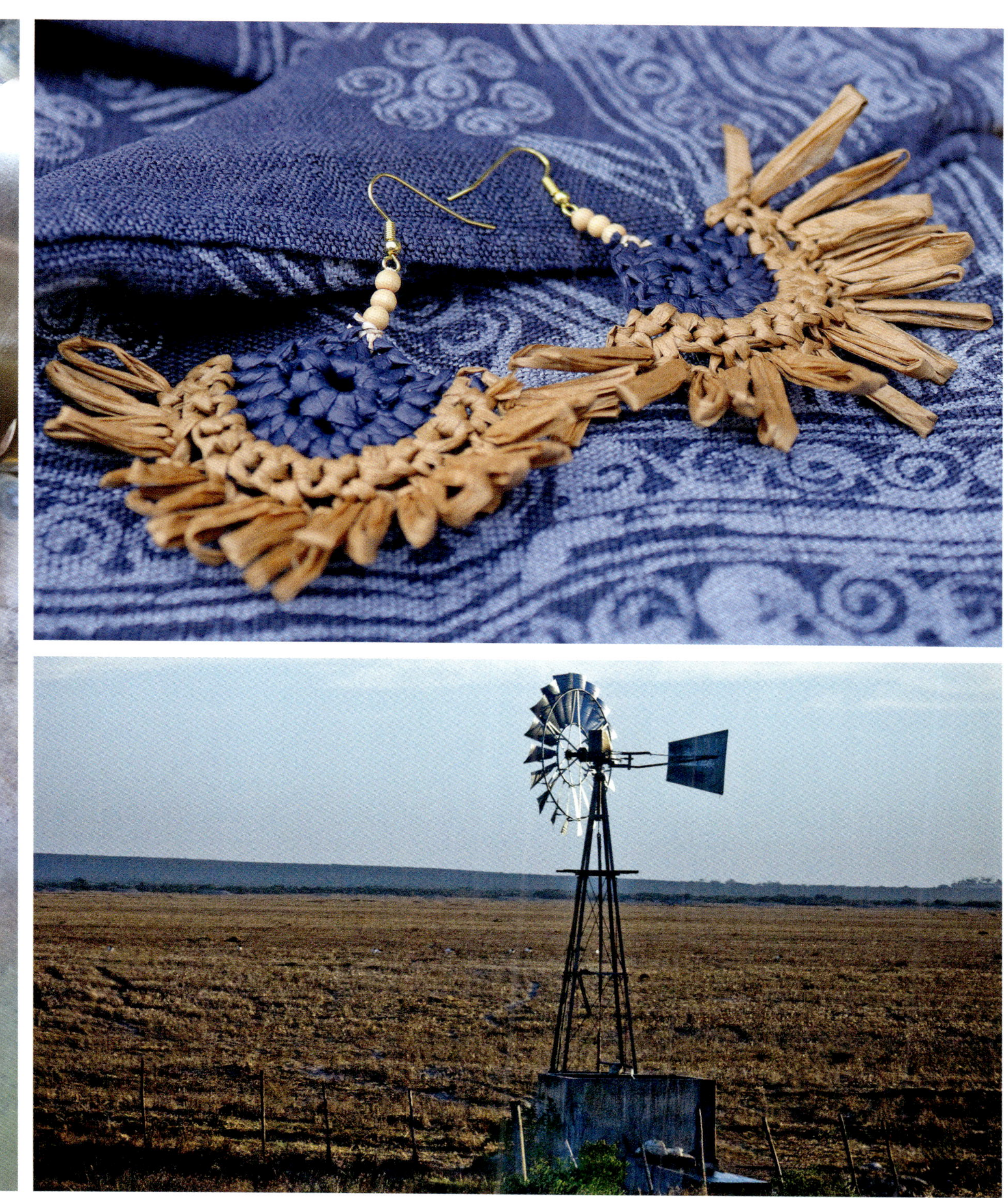

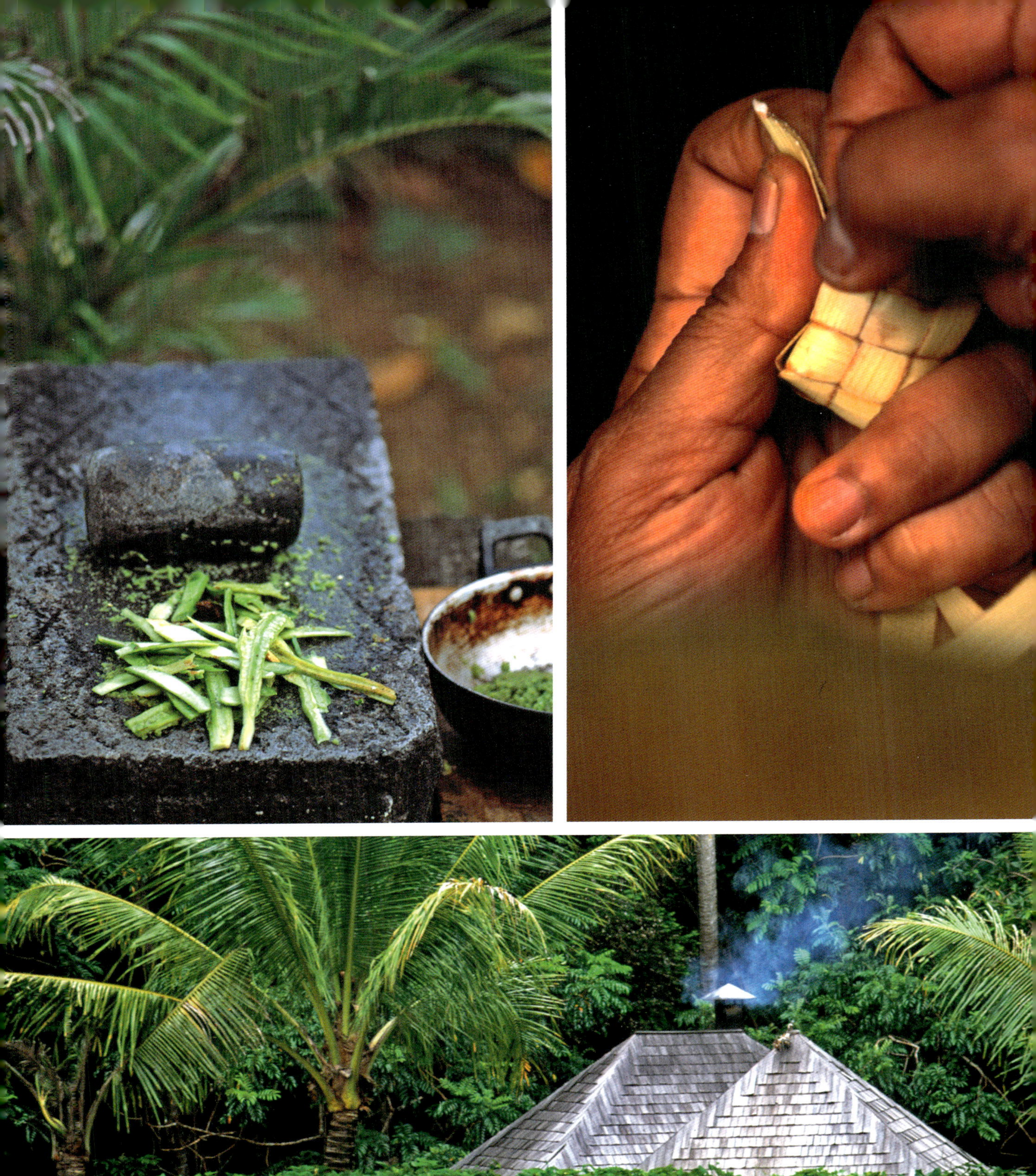

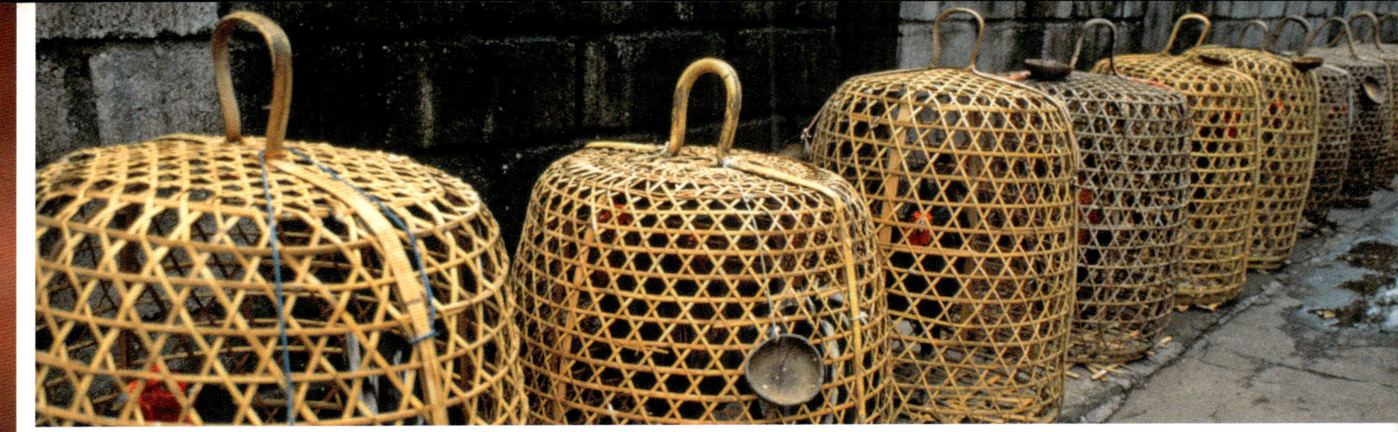

Inspiration Dschungel

Erdig, geheimnisvoll, naturverbunden

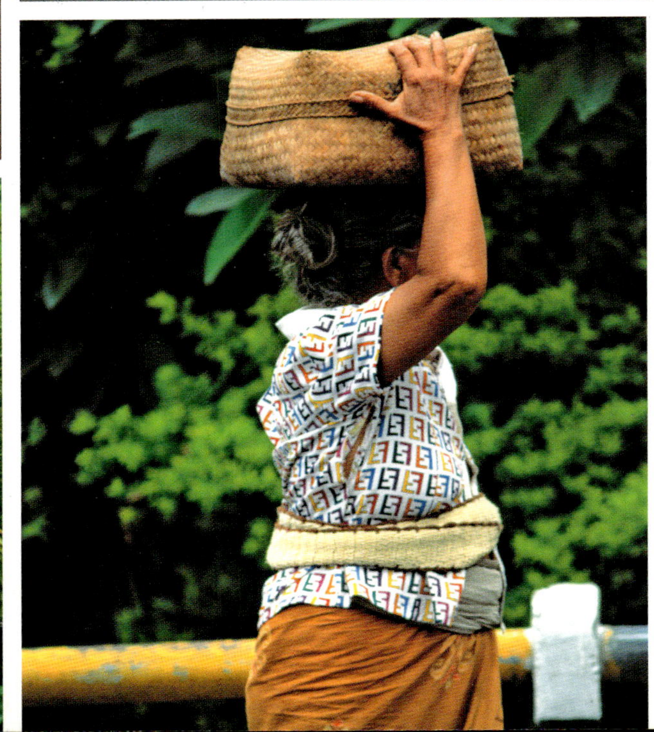

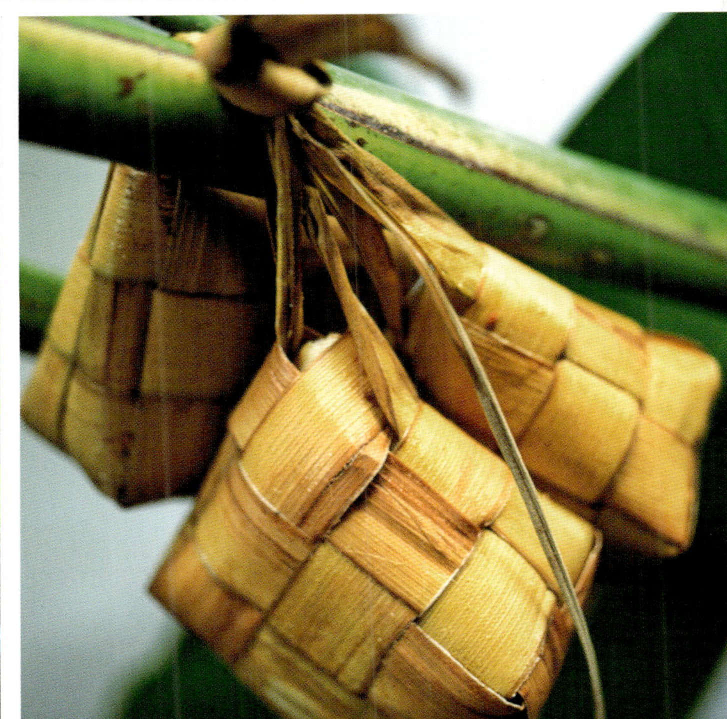

Schwarzer Shopper

Coole Alternative zur Stofftasche: für Laptop, Kosmetik und vieles mehr

GRÖßE

42 cm hoch und 33 cm breit (ohne Henkel)

MATERIAL

Natural Club Raffia aus 100 % abbaubarer Holzfaser (ca. 75 m/35 g): 140 g (= 4 Knäuel) in Schwarz (Fb 37206) und Robiki Paper Yarn aus 100 % Papierfaser (ca. 75 m/30 g): 30 g (= 1 Knäuel)

NADELN UND UTENSILIEN

- Häkelnadel 4,5 mm
- Sticknadel ohne Spitze
- Lederhenkel zum Annähen, 30 cm lang, in Schwarz

DAMIT DIE GRÖSSE STIMMT

11 Maschen nebeneinander sind in diesem Modell etwa 10 cm breit, 13 Reihen feste Maschen (2-fädig gearbeitet) und 9,5 Reihen halbe Stäbchen (einfädig gearbeitet) übereinander etwa 10 cm hoch.
Wer fester häkelt, arbeitet besser mit einer etwas dickeren Nadel. Wer lockerer häkelt, sollte eine etwas dünnere Nadel nehmen. Nur so fällt der Shopper in der angegebenen Größe aus, bleibt formstabil und weich.

SO WIRD'S GEMACHT

Für den **Boden** mit je 1 Faden in Schwarz und 1 Faden Robiki Paper Yarn 40 Luftmaschen und 1 Wende-Luftmasche anschlagen und 33 Reihen feste Maschen häkeln.

Hinweis: Der Boden des Shoppers erhält durch das doppelfädige Arbeiten zusätzliche Stabilität. Alternativ kann dafür zum Raffiabast auch eine dünne Sisal-Schnur oder ein Leinengarn verarbeitet werden. Die Optik ändert sich dabei nicht nur durch die Wahl der Farbe, sondern auch des Materials. Wer es schlichter mag, bleibt Ton in Ton.

Den Faden des Robiki Paper Yarns abschneiden und für die **Vorderseite** nur noch in Schwarz weiterarbeiten:
17 Reihen halbe Stäbchen arbeiten, dabei stets mit 2 Wende-Luftmaschen beginnen. Dann für den großen Eingriff 13 Reihen halbe Stäbchen zunächst nur über die ersten 17 Maschen arbeiten, ebenfalls jede Reihe mit 2 Wende-Luftmaschen beginnen.
Den Faden abschneiden, die mittleren 6 Maschen unbehäkelt lassen, an der nächsten Masche neu anschlingen und über die letzten 17 Maschen ebenfalls 13 Reihen halbe Stäbchen wie zuvor arbeiten.

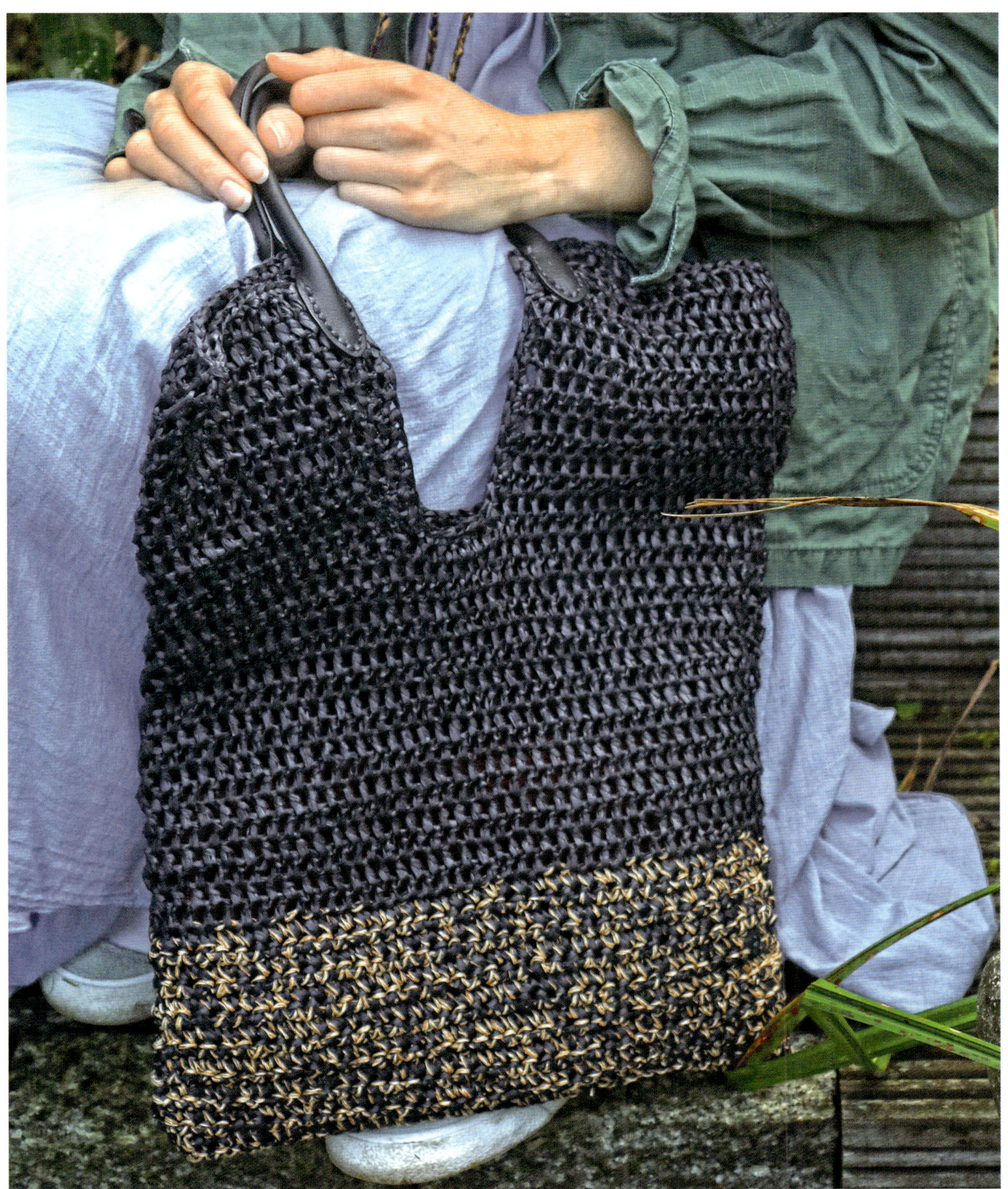

Den Faden in Schwarz an der Anschlagkante des Bodens neu anschlingen und die **Rückseite** wie die Vorderseite arbeiten.

Die Seitennähte mithilfe der stumpfen Sticknadel und einem Faden in Schwarz schließen und die Kante des gesamten Eingriffs ringsum mit 1 Runde feste Maschen in Schwarz umhäkeln.

Zum Schluss die Ledergriffe nach Herstellerangaben annähen und alle Fadenenden auf der Innenseite vernähen.

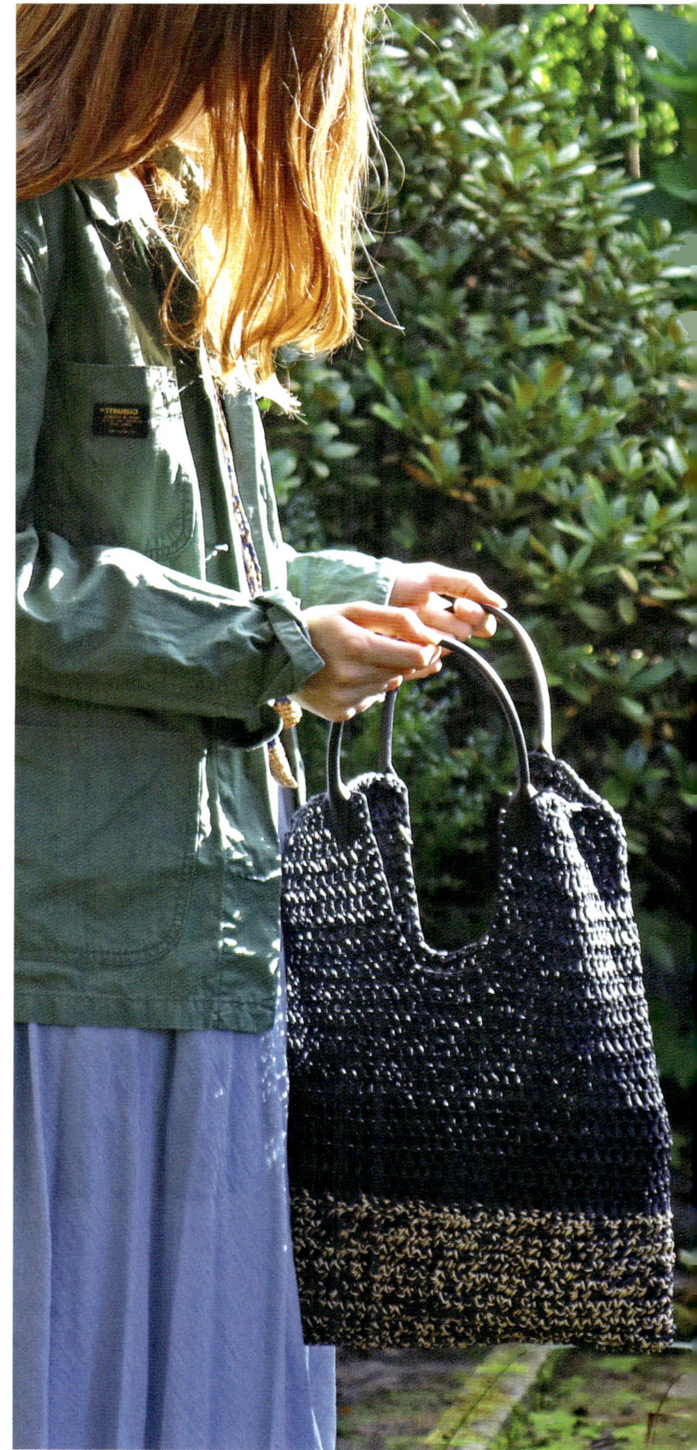

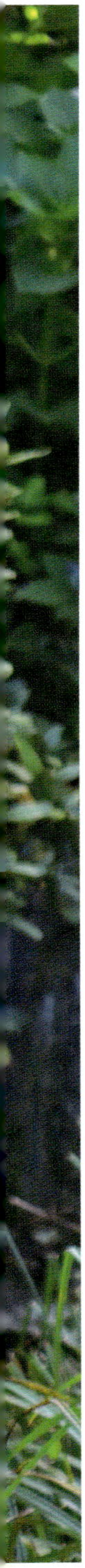

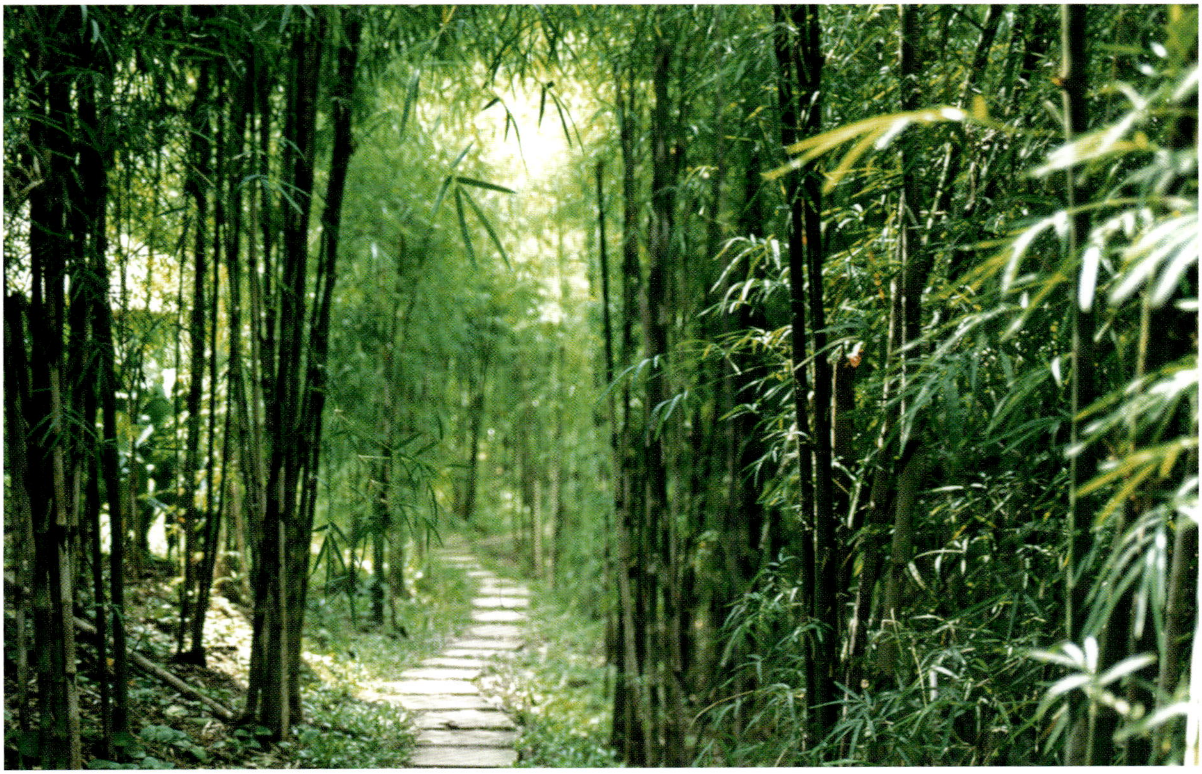

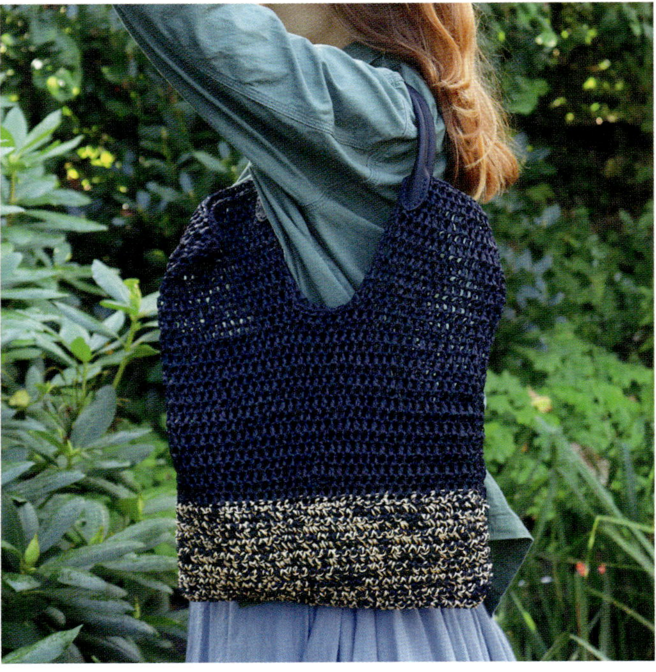

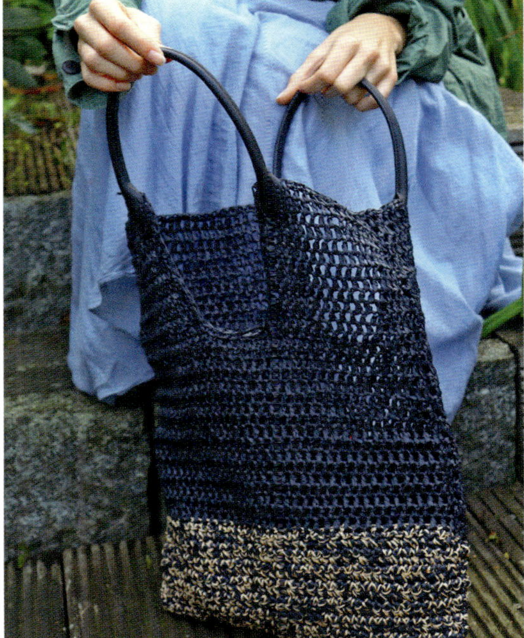

Gehäkelter Bucket-Hat

Lässig, luftig und immer dabei: Dieser Hut passt in jede Tasche

GRÖßE

Damen-Einheitsgröße, kann individuell angepasst werden

MATERIAL

Natural Club Raffia aus 100 % abbaubarer Holzfaser (ca. 75 m/35 g): 70 g in Blau (Fb 37203) und Kremke Soul Wool Papyrus aus 100 % Papier (ca. 153 m/100 g): 100 g in Weinrot (Fb 18)

NADELN UND UTENSILIEN

- Häkelnadel 5,0 mm
- Sticknadel ohne Spitze

DAMIT DIE GRÖSSE STIMMT

11 Masche nebeneinander sind in diesem Modell etwa 10 cm breit, 12 Reihen feste Maschen und 12 Reihe halbe Stäbchen übereinander etwa 10 cm hoch.

Wer fester häkelt, arbeitet besser mit einer etwas dickeren Nadel. Wer lockerer häkelt, sollte eine etwas dünnere Nadel nehmen. Nur so fällt der Hut in der gewünschten Größe aus und der fertige Hut ist formstabil, fasst sich aber immer noch weich an und trägt sich angenehm.

SO WIRD'S GEMACHT

Den Hut in der oberen Mitte beginnen und in Runden bis zur Krempe häkeln:

6 Luftmaschen anschlagen und mit 1 Kettmasche zur Runde schließen.

1. Runde: 2 Steige-Luftmaschen, 12 halbe Stäbchen in den Ring häkeln und mit 1 Kettmasche in die 2. Steige-Luftmasche zur Runde schließen.

Nun halbe Stäbchen in geschlossenen Runden arbeiten, dabei jede Runde mit 2 Steige-Luftmaschen beginnen, mit 1 Kettmasche in die 2. Steige-Luftmasche enden und folgende Zunahmen arbeiten:

2. Runde: 2 Steige-Luftmaschen, jede Masche der vorigen Runde verdoppeln (= in jedes halbe Stäbchen der letzten Runde 2 halbe Stäbchen häkeln), mit 1 Kettmasche in die 2. Steige-Luftmasche enden = 24 halbe Stäbchen.

3. Runde: 2 Steige-Luftmaschen, 12x jede 2. Masche verdoppeln (= abwechselnd in 1 Masche der vorigen Runde 1 halbes Stäbchen und in die nächste Masche 2 halbe Stäbchen häkeln), mit 1 Kettmasche in die 2. Steige-Luftmasche enden = 36 halbe Stäbchen.

4. Runde: 2 Steige-Luftmaschen, 6x jede 6. Masche verdoppeln, mit 1 Kettmasche in die 2. Steige-Luftmasche enden = 42 halbe Stäbchen.

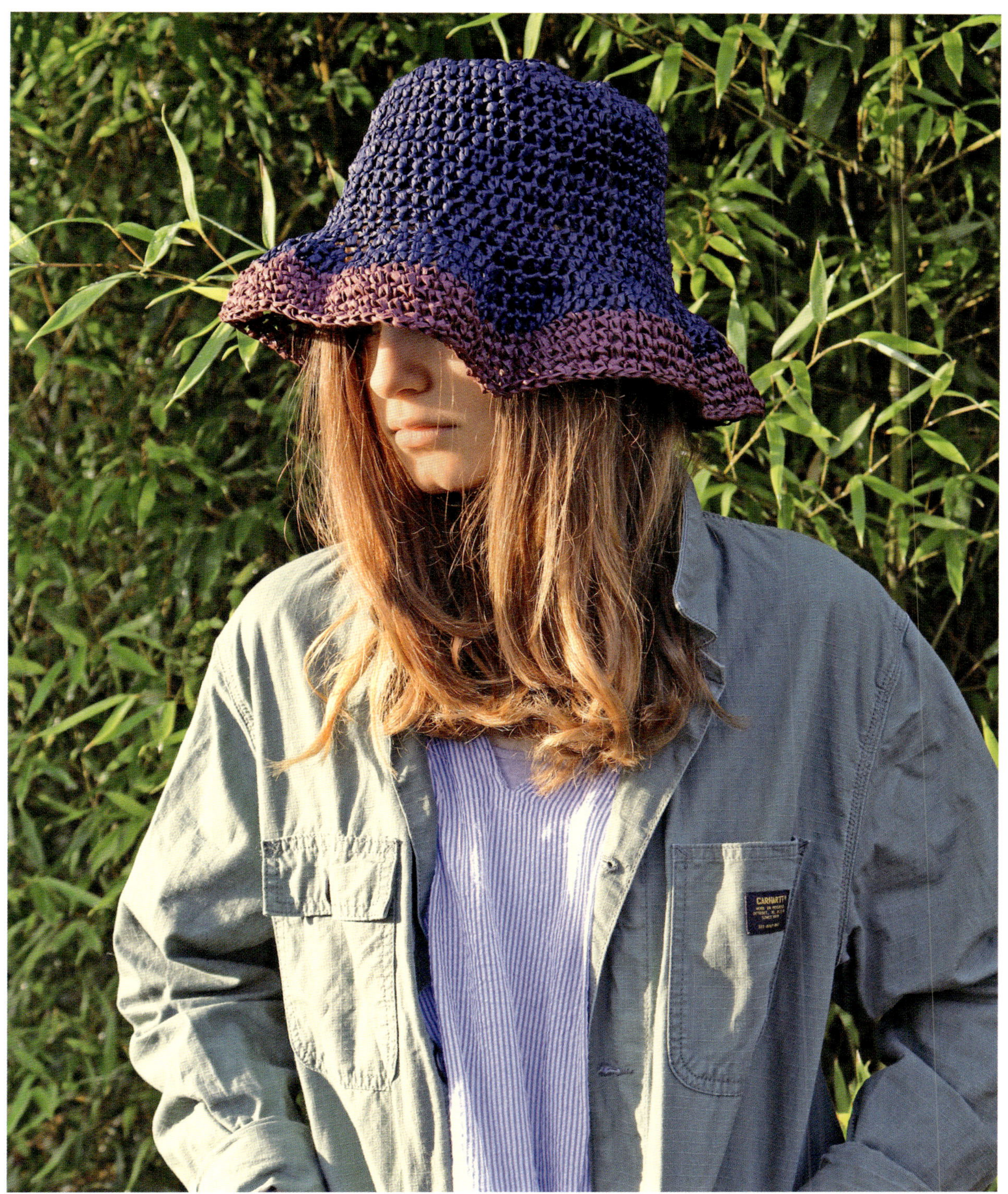
CARHARTT

5. Runde: 2 Steige-Luftmaschen, 6x jede 7. Masche verdoppeln, mit 1 Kettmasche in die 2. Steige-Luftmasche enden = 48 halbe Stäbchen.

TIPP: Die 6 Zunahmen zwischen die Zunahmen der 4. Runde verteilen.

6. Runde: 2 Steige-Luftmaschen, 6x jede 8. Masche verdoppeln, mit 1 Kettmasche in die 2. Steige-Luftmasche enden = 54 halbe Stäbchen.

7. Runde: 2 Steige-Luftmaschen, 3x jede 18. Masche verdoppeln, mit 1 Kettmasche in die 2. Steige-Luftmasche enden = 57 halbe Stäbchen.

8. Runde: 2 Steige-Luftmaschen, 3x jede 19. Masche verdoppeln, mit 1 Kettmasche in die 2. Steige-Luftmasche enden = 60 halbe Stäbchen.

TIPP: Die 3 Zunahmen zwischen die Zunahmen der 8. Runde verteilen.

9.–15. Runde: 2 Steige-Luftmaschen, 60 halbe Stäbchen ohne Zunahmen häkeln, mit 1 Kettmasche in die 2. Steige-Luftmasche enden = 60 halbe Stäbchen.

16. Runde: 2 Steige-Luftmaschen, 2x jede 30. Masche verdoppeln, mit 1 Kettmasche in die 2. Steige-Luftmasche enden = 62 halbe Stäbchen.

17. Runde: 2 Steige-Luftmaschen, 2x jede 31. Masche verdoppeln, mit 1 Kettmasche in die 2. Steige-Luftmasche enden = 64 halbe Stäbchen.

TIPP: Die 2 Zunahmen zwischen die Zunahmen der 16. Runde verteilen.

18. Runde: 2 Steige-Luftmaschen, 2x jede 32. Masche verdoppeln, mit 1 Kettmasche in die 2. Steige-Luftmasche enden = 66 halbe Stäbchen.

19.–20. Runde: 2 Steige-Luftmaschen, 66 halbe Stäbchen ohne Zunahmen häkeln, mit 1 Kettmasche in die 2. Steige-Luftmasche enden = 66 halbe Stäbchen.

21. Runde: 2 Steige-Luftmaschen, 33x jede 2. Masche verdoppeln, mit 1 Kettmasche in die 2. Steige-Luftmasche enden = 99 halbe Stäbchen.

22. Runde: 2 Steige-Luftmaschen, 10x jede 5. Masche verdoppeln, mit 1 Kettmasche in die 2. Steige-Luftmasche enden = 118 halbe Stäbchen.

23.–24. Runde: 2 Steige-Luftmaschen, 118 halbe Stäbchen ohne Zunahmen häkeln, auf Weinrot wechseln und mit 1 Kettmasche in die 2. Steige-Luftmasche enden = 118 halbe Stäbchen.

Die Hutkrempe nun in Weinrot fertigstellen.

25.–29. Runde: 1 Steige-Luftmasche, 118 feste Maschen ohne Zunahmen häkeln, mit 1 Kettmasche in die Steige-Luftmasche enden = 118 feste Maschen.

TIPP: Setzen Sie den Hut während der Fertigstellung immer mal wieder auf, um zu kontrollieren, ob Sie nicht lieber 1–2 Runden kürzer arbeiten. Denn jeder Kopf ist anders!

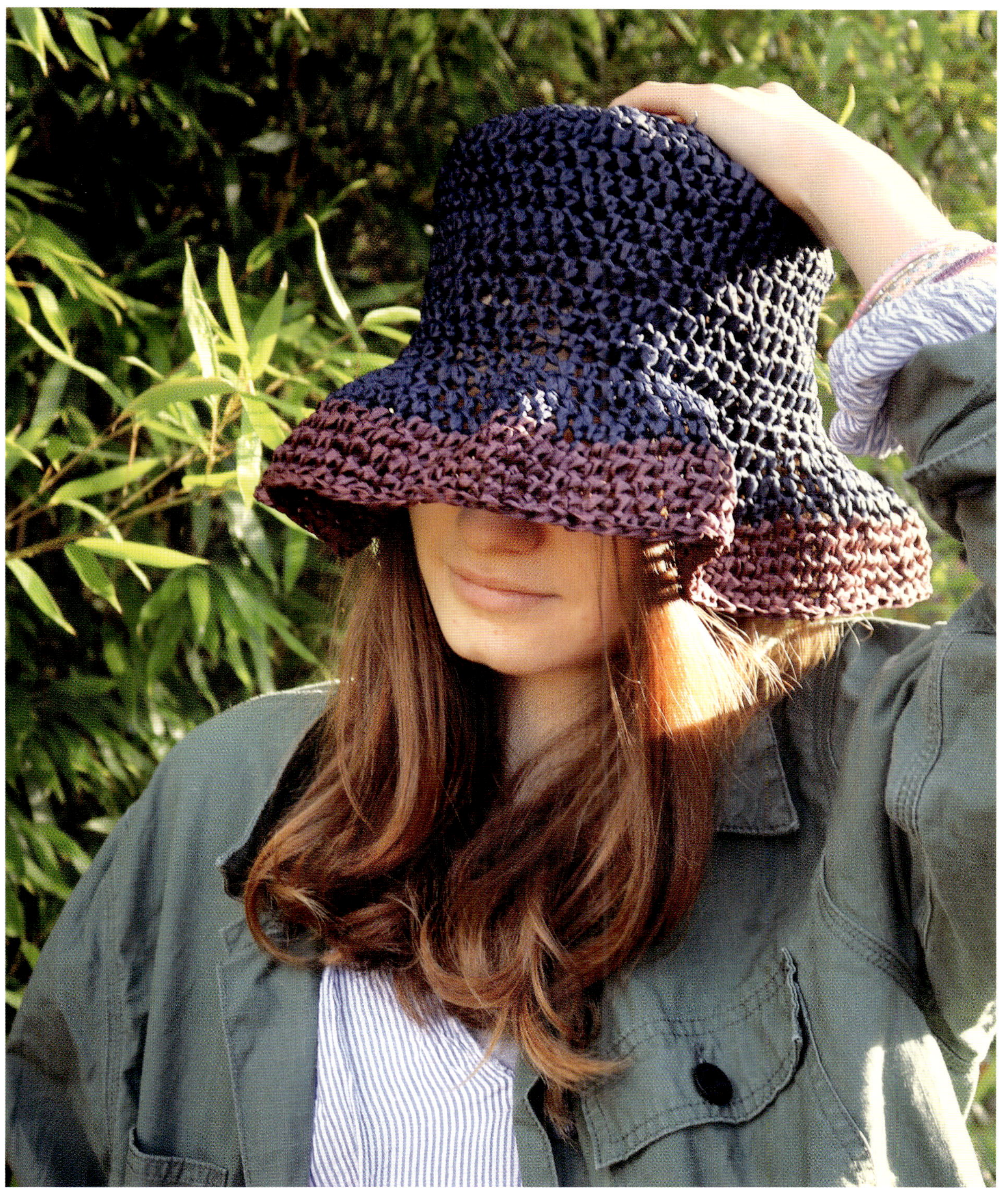

Gehäkelte Henkel-Tasche

Mit Matratzenstreifen und festem Boden

GRÖßE

30 cm breit und 34 cm hoch (ohne Henkel), Taschenboden 28 cm lang und 8 cm tief

MATERIAL

Natural Club Raffia aus 100 % abbaubarer Holzfaser (ca. 75 m/35 g): 105 g (= 3 Rollen) in Nougat (Fb 37209) und 70 g (= 2 Rollen) in Blau (Fb 37203); Robiki Paper Yarn aus 100 % Papierfaser (ca. 75 m/30 g): 30 g

NADELN UND UTENSILIEN

- Häkelnadel 4,0 mm
- Sticknadel ohne Spitze
- Ca. 1,5 m festes Sisalseil als Kern für die Henkel
- Einen Rest Wollgarn in Kontrastfarbe zum Markieren der Eckmaschen

DAMIT DIE GRÖSSE STIMMT

15 feste Masche nebeneinander sind in diesem Modell etwa 10 cm breit, 15 Reihen feste Maschen übereinander etwa 10 cm hoch.
Wer fester häkelt, häkelt besser mit einer etwas dickeren Nadel. Wer lockerer häkelt, sollte eine etwas dünnere Nadel nehmen. Nur so fällt die Tasche in der oben angegebenen Größe aus, sie bleibt formstabil und fasst sich dabei immer noch weich an.

SO WIRD'S GEMACHT

Für den **Taschenkörper** 54 Luftmaschen und zusätzlich 1 Wende-Luftmasche in Nougat anschlagen. Dann in folgender Streifenfolge feste Maschen in Hin- und Rückreihen häkeln, dabei jeweils mit 1 Wende-Luftmasche in die nächste Reihe aufsteigen:
* 18 Reihen in Nougat, 3 Reihe zweifädig mit je 1 Faden in Blau und Robiki Paper Yarn, 4 Reihen einfädig in Blau, 3 Reihen zweifädig mit je 1 Faden in Blau und Robiki Paper Yarn, 17 Reihen in Nougat; ab * noch 1x wiederholen, anschließend noch 1 Reihe in Nougat häkeln.
Die Anschlags- und Abkettkante aufeinanderlegen und beide Kanten in Nougat zusammenhäkeln. Den so entstandenen Taschenschlauch wenden, sodass die Naht innenliegt.

Für den **Taschenboden** 2 Wollgarnfäden von je ca. 30 cm Länge zum Markieren der Ecken zuschneiden, dann mit dem Bastgarn in Blau 31 Luftmaschen und zusätzlich 1 Wende-Luftmasche anschlagen.

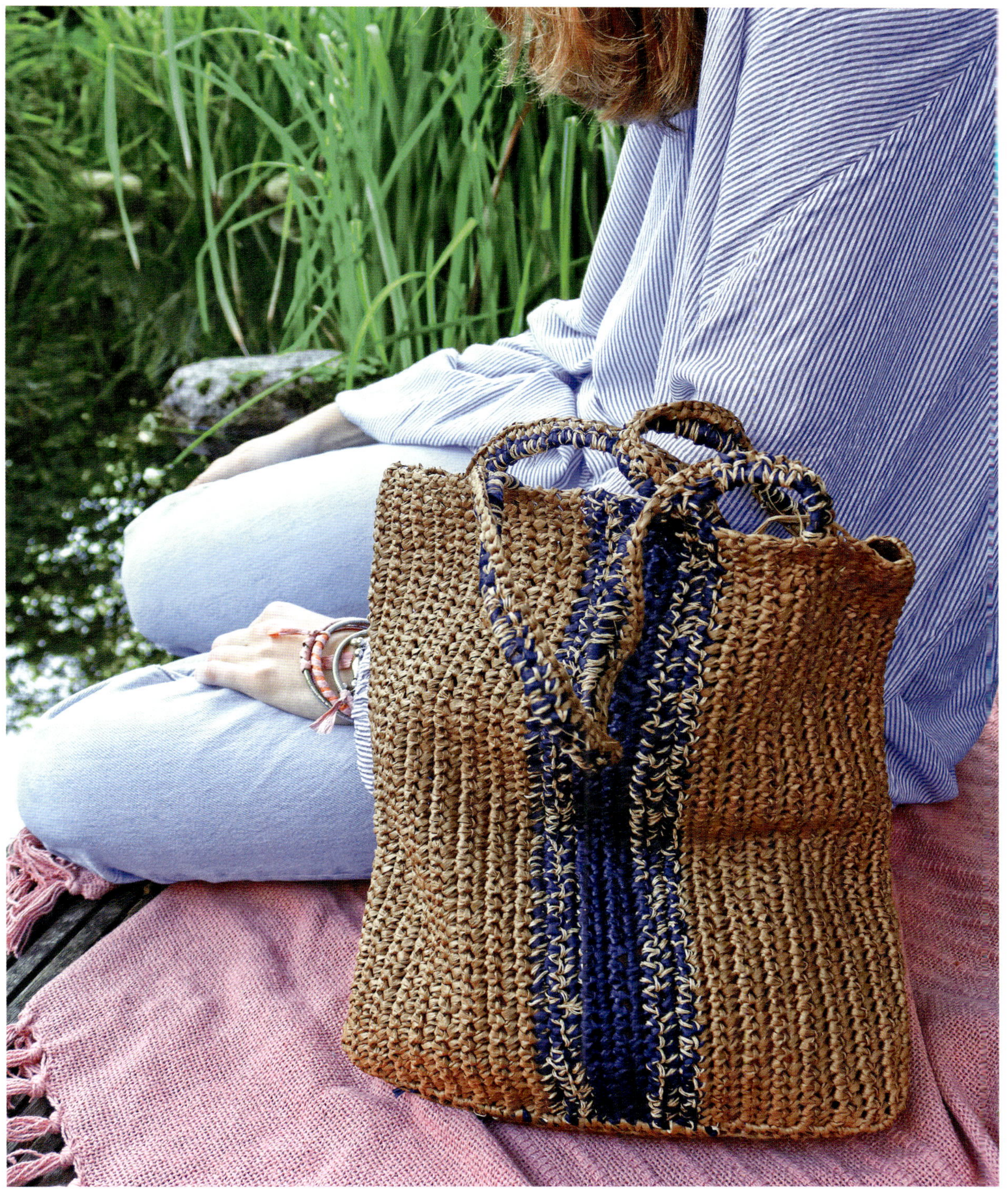

1. Runde: In die 2. Masche ab der Nadel 2 feste Maschen häkeln, in die folgenden 27 Maschen je 1 feste Masche, 1 Wollfaden über die Luftmaschenkette legen, in die vorletzte Masche 2 feste Maschen, in die letzte Masche (= Eckmasche) 3 feste Maschen häkeln, die Anschlagkante drehen und in die untere Seite der Anschlagkante wie folgt weiterhäkeln:
2 feste Maschen in die nächste Masche, 27 feste Maschen (= in jede Masche je 1 feste Masche), 1 Wollfaden über die Luftmaschenkette legen, in die vorletzte Masche 2 feste Maschen, in die letzte Masche (in diese Masche wurde bereits die Wende-Luftmasche zu Beginn gehäkelt!) noch 2 weitere Maschen arbeiten (= Eckmasche), dann mit einer Kettmasche in die Wende-Luftmasche zur Runde schließen.
2. Runde: 1 Wende-Luftmasche, * in die 2 folgenden Maschen jeweils 2 feste Maschen häkeln, bis zum Wollfaden feste Maschen häkeln (= in jede Masche je 1 feste Masche), in die folgenden 3 Maschen jeweils 2 feste Maschen, den Wollfaden von hinten nach vorne vor die Nadel legen, in die nächste Masche (= mittlere Eckmasche) 3 feste Maschen, in die folgende Masche 2 feste Maschen häkeln; ab * noch 1 wiederholen, dabei in die letzte Masche der Runde (= die Masche mit der Wende-Luftmasche zu Beginn) nur noch 1 zusätzliche feste Masche häkeln und mit 1 Kettmasche zur Runde schließen.
3. Runde: 1 Wende-Luftmasche, * bis zum Wollfaden feste Masche arbeiten, in die folgende Masche 2 feste Maschen, den Wollfaden von vorne nach hinten vor die Nadel legen, in die nächste Masche 3 feste Maschen, in die folgende Masche 2 feste Maschen; ab * noch 1x wiederholen, bis zur Wende-Luftmasche feste Maschen häkeln und mit 1 Kettmasche zur Runde schließen.
4. Runde: 1 Wende-Luftmasche, * bis zum Wollfaden feste Maschen arbeiten, in die nächste Masche 2 feste Maschen häkeln, den Wollfaden von hinten nach vorne vor die Nadel legen, in die 2 folgenden Maschen jeweils 2 feste Maschen häkeln; ab * noch 1x wiederholen, bis zur Wende-Luftmasche feste Maschen häkeln und mit 1 Kettmasche zur Runde schließen.
5. Runde: 1 Wende-Luftmasche, * bis zum Wollfaden feste Maschen arbeiten, 1 feste Masche, den Wollfaden von vorne nach hinten vor die Nadel legen, in die folgenden 4 Maschen jeweils 2 feste Maschen häkeln; ab * noch 1x wiederholen, bis zur Wende-Luftmasche feste Maschen häkeln und mit 1 Kettmasche zur Runde schließen.
6. Runde: 1 Wende-Luftmasche, * bis zum Wollfaden feste Maschen arbeiten, in die folgende Masche 2 feste Maschen häkeln, den Wollfaden von hinten nach vorne vor die Nadel legen, 1 feste Masche, in die folgende Masche 2 feste Maschen, 2 feste Maschen, in die folgende Masche 2 feste Maschen, 1 feste Masche, in die folgende Masche 2 feste Maschen; ab * noch 1x wiederholen, bis zur Wende-Luftmasche feste Maschen häkeln und mit 1 Kettmasche zur Runde schließen.
7. Runde: 1 Wende-Luftmasche, * bis zum Wollfaden feste Maschen arbeiten, in die folgende Masche 2 feste Maschen, 6 feste Maschen, in die folgende Masche 2 feste Maschen; ab * noch 1x wiederholen, bis zur Wende-Luftmasche feste Maschen häkeln und mit 1 Kettmasche zur Runde schließen.
8. Runde: 1 Wende-Luftmasche, * bis zum Wollfaden feste Maschen arbeiten, in die folgende Masche 2 feste Maschen, 8 feste Maschen, in die folgende Masche 2 feste Maschen; ab * noch 1x wiederholen, bis zur Wende-Luftmasche feste Maschen häkeln und mit 1 Kettmasche zur Runde schließen.

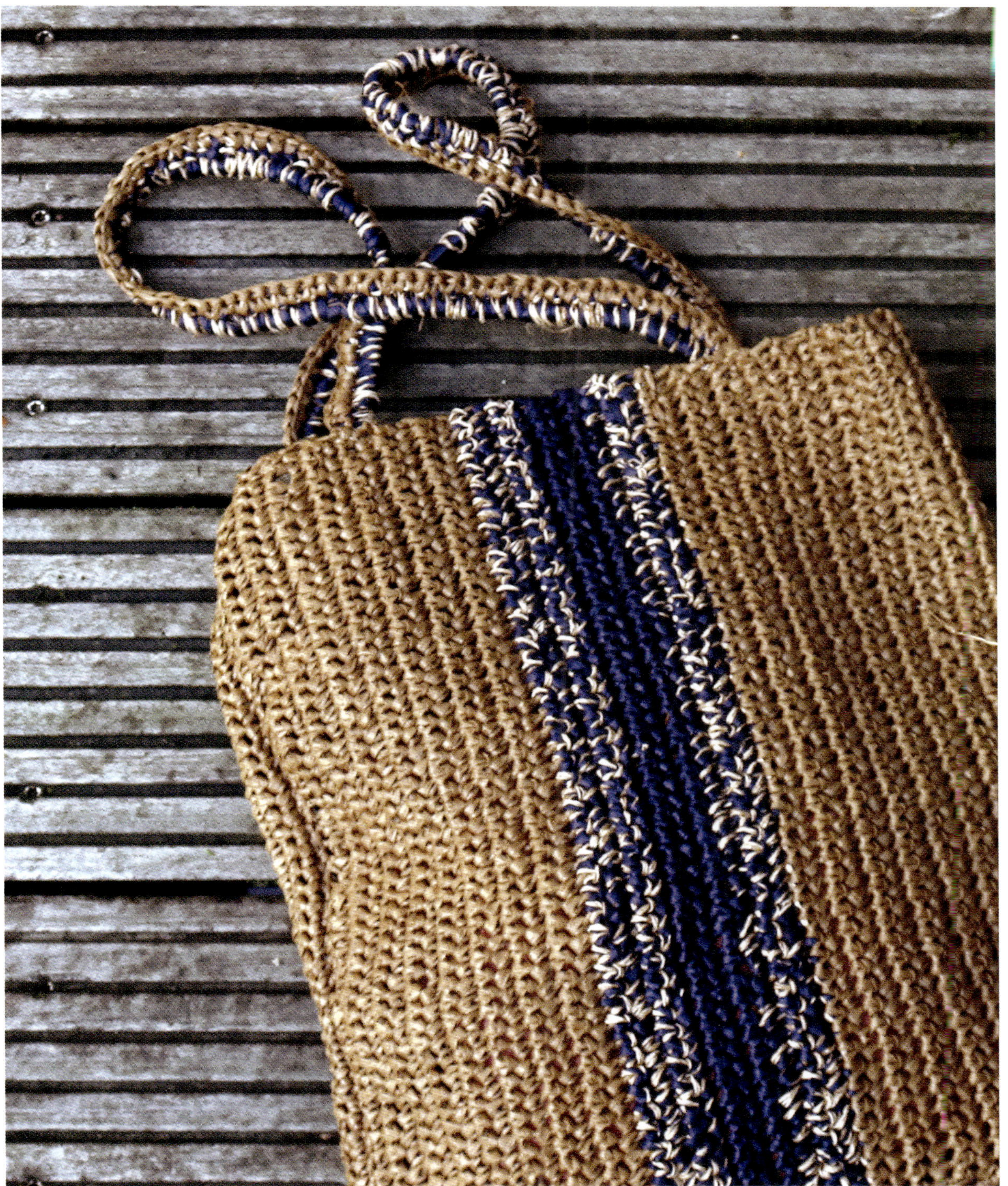

9. Runde: 1 Wende-Luftmasche, * bis zum Wollfaden feste Maschen arbeiten, in die folgende Masche 2 feste Maschen, 10 feste Maschen, in die folgende Masche 2 feste Maschen; ab * noch 1x wiederholen, bis zur Wende-Luftmasche feste Maschen häkeln und mit 1 Kettmasche zur Runde schließen.
Den Taschenboden am Taschenkörper feststecken und mit Nougat rundherum festhäkeln.

HINWEIS: Darauf achten, dass die Naht, mit der der Taschenkörper zum Schlauch geschlossen wurde, innen liegt. Die Naht, die den Taschenboden am Taschenkörper befestigt, verläuft dagegen außen und gibt der Tasche so mehr Standfestigkeit.

Das Sisalseil für die **Henkel** in 2 Hälften teilen. Beide Hälften mit je 1 Faden in Blau und dem Robiki Paper Yarn über eine Länge von ca. 65 cm umhäkeln und mit Nougat jeweils noch 1 Reihe feste Maschen behäkeln. Die beiden Henkel mit einem Baststreifen in Nougat mithilfe der Sticknadel auf der Innenseite in gewünschter Länge jeweils ca. 5 cm vom mittleren Streifen entfernt befestigen. In dem abgebildeten Modell sind die fertigen Henkel 45 cm lang. Die beiden Sisalenden jeweils ca. 5 cm lang abschneiden.

TIPP: Die Henkellänge lässt sich nach Belieben verändern.

Alle überstehenden Bastenden auf der Innenseite so weit zurückschneiden, dass sie noch gut in die Häkelmaschen eingewoben und so gesichert werden können.

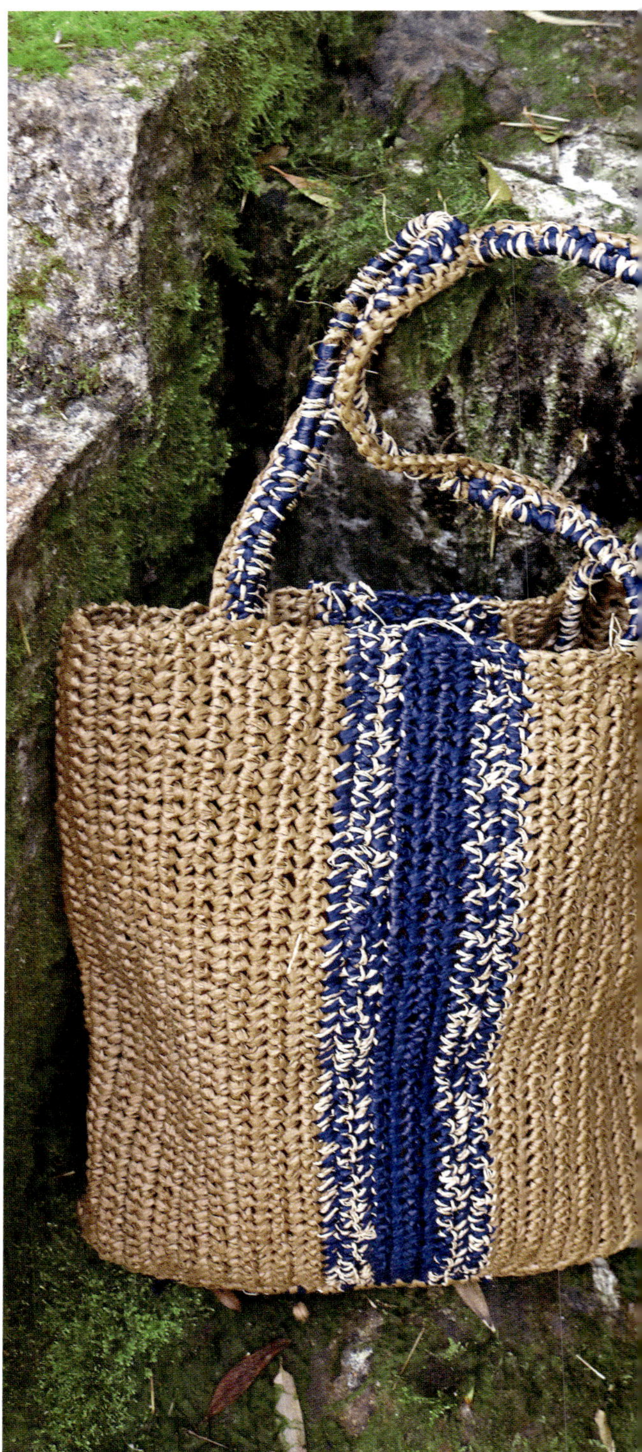

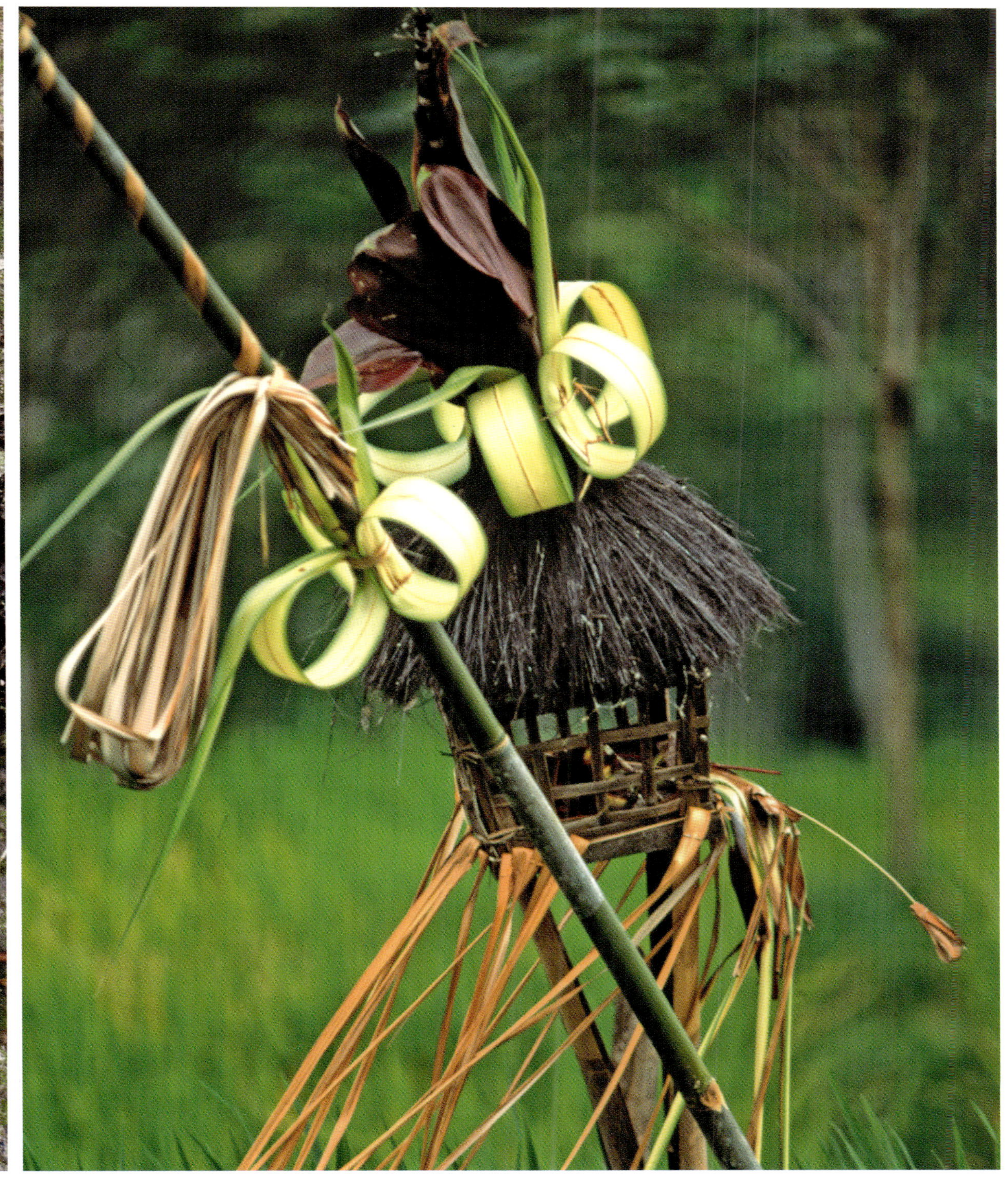

Breite Armreife

Edle Upcycling-Idee mit Web-Muster und Colour-Blocking

GRÖẞE

Individuell anpassbar

MATERIAL

Kremke Soul Wool Papyrus aus 100 % Papier (ca. 153 m/100 g): Reste in in Weinrot (Fb 18), Dunkelblau (Fb 22) und Mokka (Fb 81)

NADEL UND UTENSILIEN

- Sticknadel ohne Spitze
- Heißklebepistole oder Alleskleber,
- Wäsche- oder Foldback-Klammer
- Breite Armreife

IDEE

Gestalten Sie passenden Schmuck zum gehäkelten Bucket-Hat von Seite 78. Werfen Sie Ihre Bastreste nicht weg, sondern werten sie Armreife als kombistarkes Set auf! Hier muss nichts besonders beachtet werden. Lassen Sie ihrer Fantasie und Ihren Vorlieben freien Lauf!

SO WIRD'S GEMACHT

Den Armreif mit dem Bast in knapp überlappenden Bahnen dicht umwickeln. Dabei den Garnanfang zu Beginn auf der Innenseite ca. 5–6 cm mit dem Finger leicht schräg fixieren und sorgfältig mit umwickeln.

TIPP: Um ein Herausrutschen des Baststücks zu vermeiden, kann das Bast-Ende auch zunächst vorsichtig mit der Heißklebepistole oder mit Alleskleber auf der Innenseite des Armreifens angeklebt werden. Gut darauf achten, dass keine Klebereste überstehen. Reste des Heißklebers können später beim Tragen stören oder den Bast sogar mit der Zeit durchreiben.

Für den **Armreif mit Streifeneffekt** die Farbe nach gewünschter Streifenbreite wechseln, indem eine neue Farbe so angeknotet wird, dass der möglichst flache Knoten ebenfalls wieder auf der Innenseite des Reifens positioniert wird. Ringsum fortfahren, bis der gesamte Armreif umwickelt ist.
Im gezeigten Beispiel wurde der breite Reifen abwechselnd mit unterschiedlich breiten Streifen in Weinrot, Dunkelblau und Mokka umwickelt.

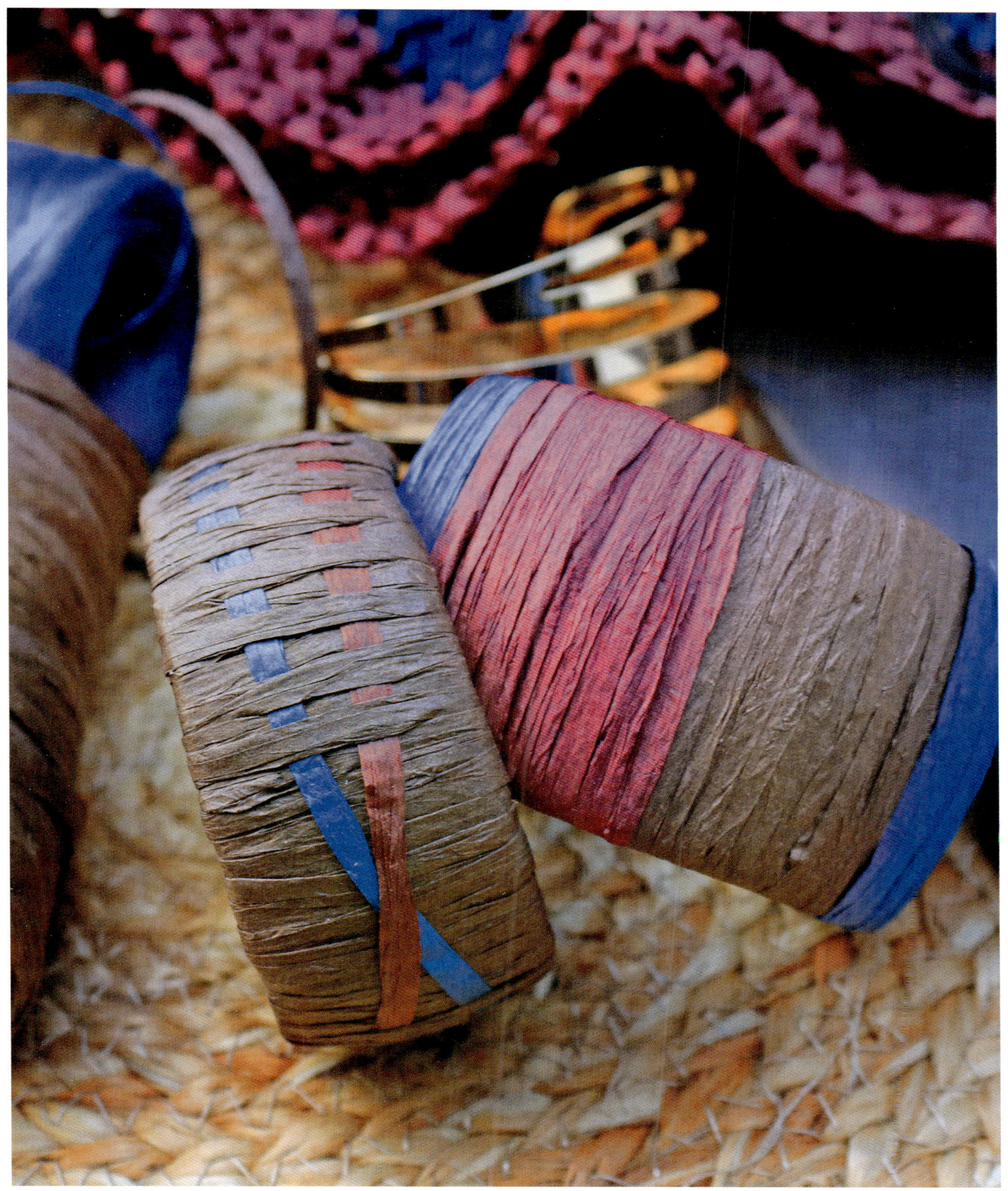

Die Bastenden anschließend mit Hilfe der stumpfen Sticknadel auf der Innenseite in die Spannfäden einweben. Jeden Knoten anschließend noch einmal mit einem Tropfen Kleber sichern.

Für den **Armreif mit Webstichen** werden die Umwicklungen in einer 2 Schicht sehr gleichmäßig und dicht nebeneinandergelegt, sodass sich anschließend auf der Außenseite Kontrastfarben dekorativ einweben lassen. Dazu zunächst je 1 Baststück von ca. 60 cm Länge in den beiden Kontrastfarben, hier in Weinrot und in Dunkelblau, zuschneiden und beiseitelegen.

Den Reifen in Mokka wie folgt in 2 Lagen umwickeln: In der ersten Lage überlappen sich die Baststreifen ein wenig, sodass der gesamte Reifen vollständig und dicht mit dem Bast umwickelt ist, in der zweiten Lage werden die Baststreifen dann so dicht wie möglich aneinandergelegt, ohne dass sie sich überlappen. Das Fadenende zum Schluss noch nicht abschneiden, sondern ca. 40–60 cm stehenlassen und mit einer Wäsche- oder Foldback-Klammer sichern.

Den Bastfaden in Dunkelblau mit Hilfe der stumpfen Sticknadel nun vorsichtig im oberen Drittel des Reifens unter jedem 2. Baststreifen der Umwicklungen in Mokka durchführen. Den Faden immer wieder anziehen, bis der Schmuckstreifen gut anliegt. Gut darauf achten, dass er stets gerade liegt, sich nicht verdreht alle Webstiche auf gleicher Höhe liegen. Nach ca. 7 cm Länge den Streifen in Dunkelblau stehenlassen und dasselbe mit dem Bastfaden in Weinrot im unteren Drittel des Reifens wiederholen, dabei jeweils unter demselben Baststreifen in Mokka durchweben, wie beim dunkelblauen Baststreifen.

Dann die beiden Baststreifen auf einer Länge von ca. 3 cm so über Kreuz legen, dass der dunkelblaue Streifen auf der Höhe des weinroten Fadens weiter eingewebt werden kann und umgekehrt. Anschließend wieder über 7 cm Länge beide Streifen unter jedem 2. Baststreifen der Umwicklungen in Mokka durchführen (der dunkelblaue Streifen verläuft nun im unteren Drittel des Reifens, der weinrote Streifen im oberen Drittel). Dann beide Streifen über einer Strecke von 3 cm wie zuvor über Kreuz legen (beide Farben liegen nun wieder auf derselben Höhe wie zu Beginn) und die restliche Strecke bis zum Beginn einweben.

Den Baststreifen in Mokka mit beiden Farbstreifen jeweils auf ihrer Höhe flach verknoten. Die Enden der Farbstreifen ca. 1 cm lang zurückschneiden und mithilfe der Schere unter den jeweiligen Knoten schieben. Dann beide Knoten mit einem Klebepunkt sichern. Anschließend das Bast-Ende in Mokka 3–4 mal um die Ansatzstelle der beiden Farbstreifen wickeln, dabei die Knoten überdecken, anschließend auf der Innenseite mit einem Knoten befestigen, einweben und knapp abschneiden. Den Knoten ebenfalls mit einem Klebepunkt sichern.

TIPP: Besonders angenehm tragen sich die Reife, wenn Sie einen passend zugeschnittenen Wildlederrest so in den Reifen kleben, dass er die Innenseite des Reifens vollständig abdeckt. Den Streifen etwas schmaler als den Reifen zuschneiden, sodass die Seiten nicht überstehen!

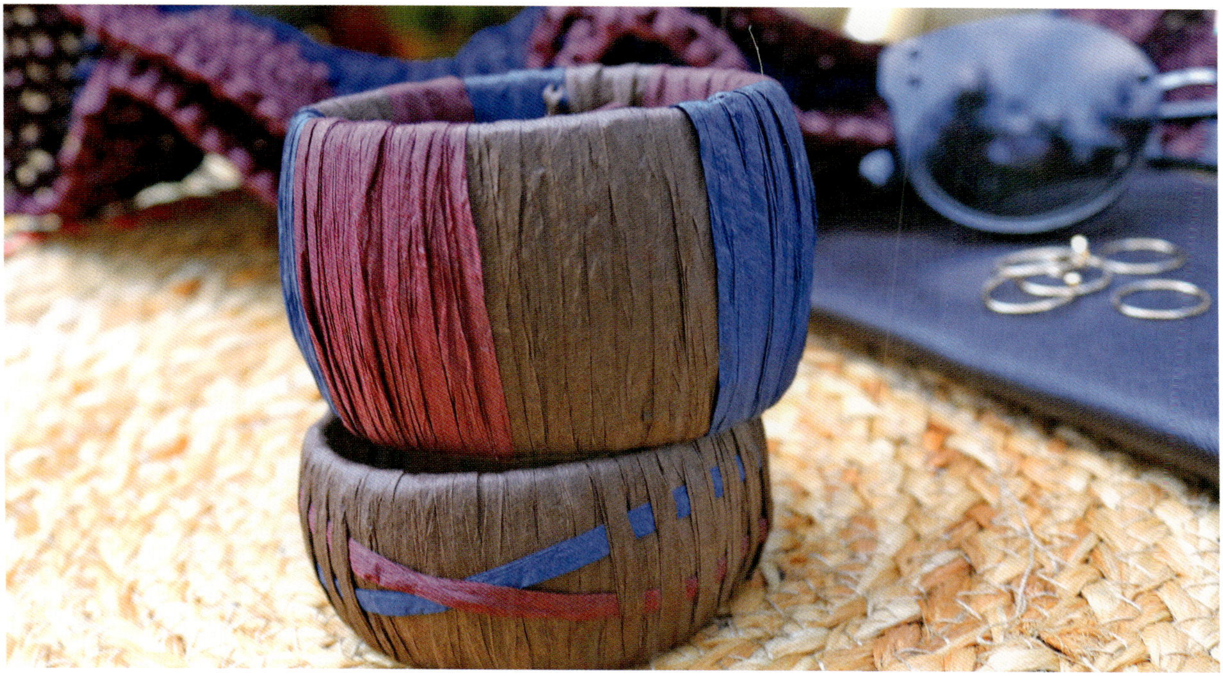

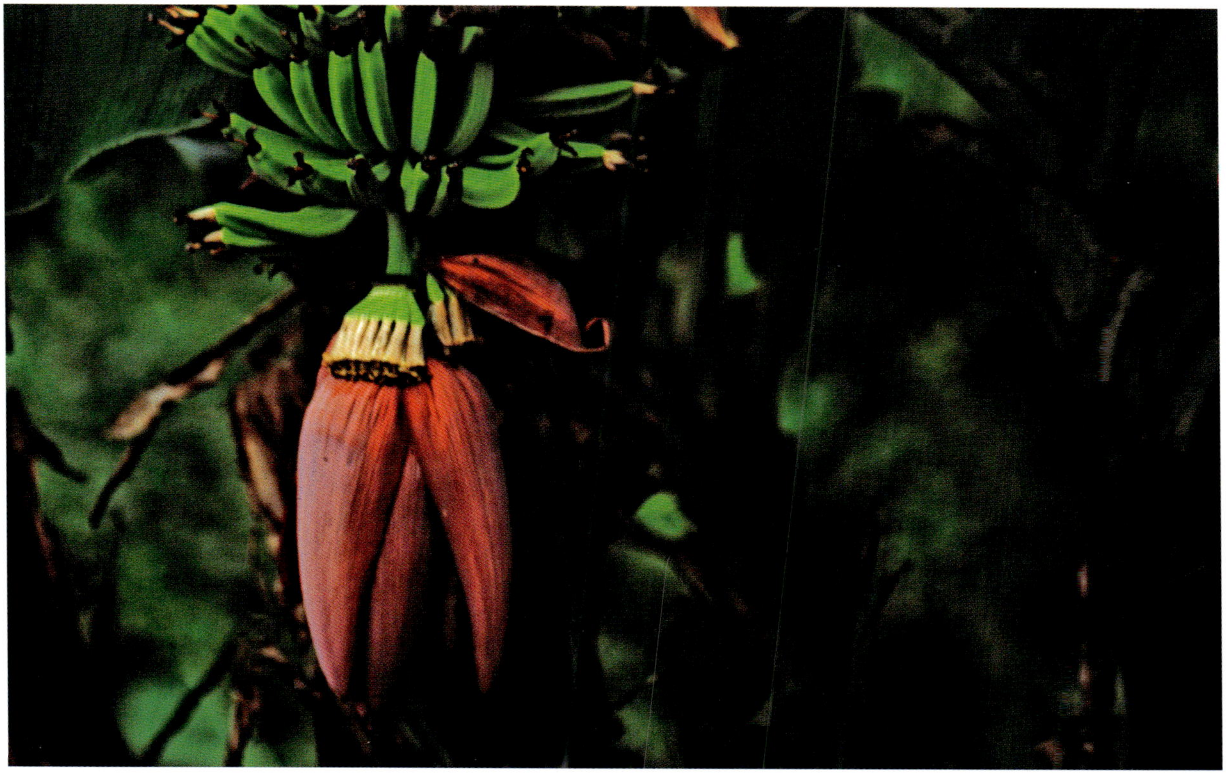

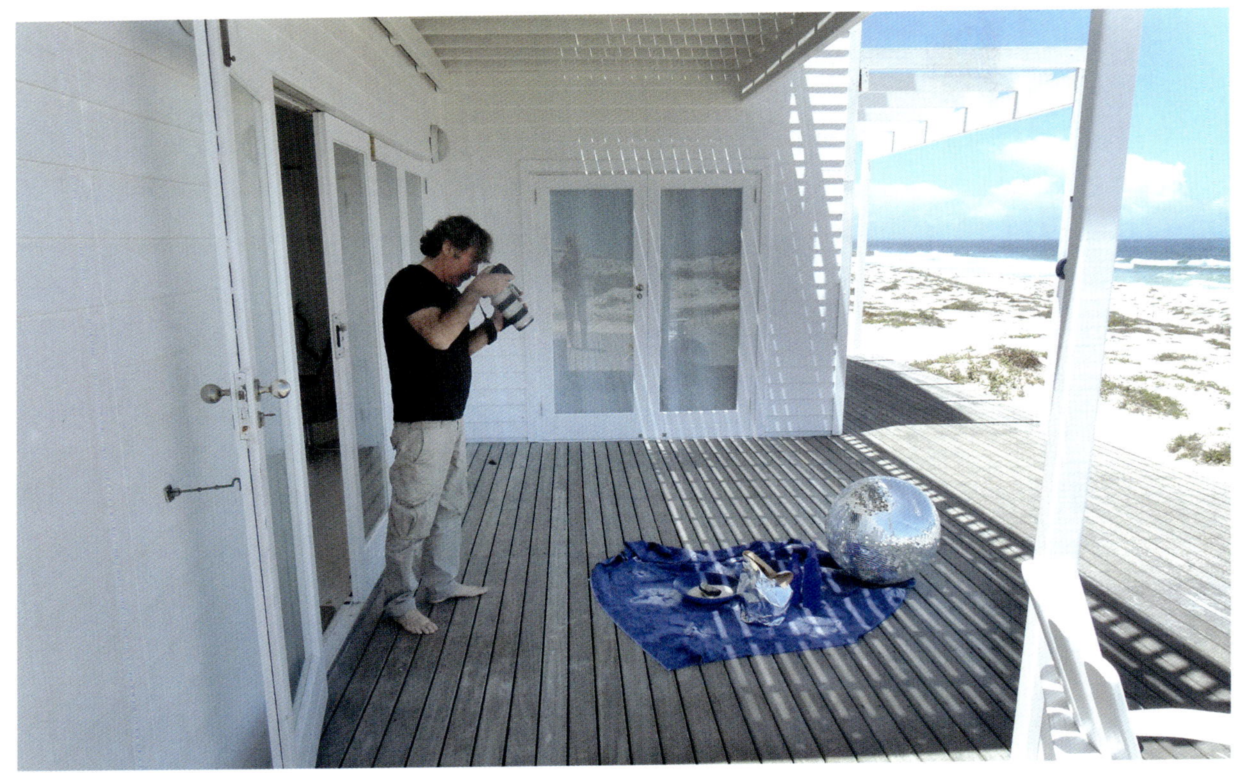

Dank

Ganz besonders möchte ich mich bei meinem Model Bonnie bedanken, die mich egal zu welcher Tageszeit und bei welchen Temperaturen unermüdlich unterstützte, bei meinem Freund, dem Fotografen Adriano Brusaferri, der mich fotografisch und kreativ immer begleitet hat und begleiten wird und Danke auch Dir, liebe Ellen, für Deine Gastfreundschaft und dein Vertrauen. Ohne Euch wäre dieses Buch nie zustande gekommen.

Vita

Dagmar Bily war jahrelang Chefredakteurin und Designerin von zahlreichen DIY-Magazinen. Neben Strick-und Nähpaketen hat sie auch ein After-Work-Crafting-Event ins Leben gerufen. »Das Stricken, Häkeln und Nähen habe ich von meiner Großmutter und Mutter gelernt. Wie sehr mich die Stunden mit den beiden beim Handarbeiten prägten, wurde mir erst später bewusst. Die Liebe zur Fotografie kam von meinem Vater, der zuhause seine Fotos noch selbst entwickelte.«